出版業界に未来はあるのか

―出版人に贈る出版の未来と生き残り策の提言―

岡部 一郎

まえがき

　筆者はこれまで、『出版営業ハンドブック・基礎編』『出版営業ハンドブック・実践編』『出版社のつくり方読本』（いずれも出版メディアパル発行）などの本を出版してきました。長年出版業界の一隅に身を置き、さまざまな仕事を手がけました。筆者はこの業界が大好きです。そこで働く人たちも大好きです。なかには、その対応に頭をひねるような人もいないではありませんが、誠実に仕事に向き合い、自分の持っている貴重な知識を惜しみなく分け与えてくれる方が大勢いました。そうした方たちを通じて、多くの知識を得、ともに働く人たちとして、励まされ、勇気をもらい、がんばることができたのです。

　出版営業にたずさわることが多かった筆者ですが、仕事をしながら不思議に思うことが多かったのは、一部の大出版社をのぞいて、出版営業の仕事をきちんと教育するシステムがない、ということでした。中小の出版社では、余裕がないということもあるのでしょうが、新入社員は、先輩社員たちのあとを見よう見まねでついていくしかない。また新刊委託配本という日本独自のシステムによって、本来の営業活動というより、編集部がつくった本を

いかに取次に部数をとらせるか、ということに神経をつかうということが仕事の中心になっていたわけです。

　それは、営業の仕事の一部でしかないのですが、そのことにあまり疑問をもたれることもなく、出版の営業なんてこんなもの、という意識に支配されているように感じられたのです。

　そんな思いがつのり、『出版営業ハンドブック基礎編・実践編』を出版したのですが、この本には意外に需要がありました。やはり、出版営業のあり方に疑問をもっていた人が少なくないということ、そして教育システムがないことに不満を感じていた人が少なからずいたのだということを、この本を通じて実感しました。

　そうやってがんばってきたつもりですが、最近の出版業界のていたらくには、正直、ものたりなさを感じてなりません。

　ご存じのように、出版業界は20年の長きに及ぶ低迷に苦しんでいます。出版業界は、出版社、取次、書店の3つの業界の集合ですが、どこを見ても、これからどうしたらいいのか、とみんなとまどっているように見受けられます。

　たしかに、ネット社会の急速な進展など、出版業界には逆風が吹き荒れ、このままでは紙の「本」は消滅する

のではないか、という声さえ聞かれるほどです。

　はたして紙の「本」は消滅するのか。筆者自身は紙の「本」は生き延びると思っていますが、出版業界は、これまでの体質を変え、新しいシステムを構築していく必要があると感じています。

　この本では、筆者が日ごろの仕事を通じて感じている出版業界の問題点をあげながら、どのように変革していったらいいのか、筆者なりの考えをまとめてみました。

　大きなバックもなく、ほとんど徒手空拳の筆者ですが、出版業界を愛する気持ちは人一倍持っているつもりです。出版業界の未来を考えるために、筆者なりに力をつくして考えていきたいと思っています。

　『出版業界に未来はあるのか』といささか不穏当なタイトルをつけましたが、この業界が体質を改善し、この時代に対応するシステムを構築できれば、「未来はある」と筆者は信じています。

　2019 年 9 月 10 日

　　　　　　　　　　　　　　　　　　　　岡部一郎

\<目次\>

まえがき　　　　　　　　　　　　　　　　　　3

プロローグ──活字文化の担い手たちへ　　　　9

第1章　取次は、どう変わればいいのか
──業界は活字文化の担い手の自覚を

1　業界は、活字文化の担い手としての自覚を　　22
2　取次がかかえる2つの大問題　　　　　　　　29
3　利益の上がるシステムの構築を　　　　　　　32
4　大問題だらけの取引条件　　　　　　　　　　35
5　取次を変えるための発想の転換を　　　　　　41
6　失敗の経験から学び、活路をひらく　　　　　53

第2章　出版社は、どうすればいいのか
──企画力と販売力で生き残る道を探る

7　正味問題を考える　　　　　　　　　　　　　60
8　日本の出版物は定価が問題　　　　　　　　　68

9	出版社の最大の武器は企画力	74
10	出版業界に必要な新陳代謝	80
11	活字文化の担い手たれ	84
12	出版不況を乗り越えるために	89
13	出版の原点に立ち返る	92
14	委託制度には、もう頼らない	98
15	販売戦略を考える	102

第3章　書店は、どうすればいいのか
——書店はもっと勇気を

16	書店をめぐる厳しい環境	110
17	定価問題と委託制度の改善	118
18	返品は誰の責任か	122
19	自主仕入れのすすめ	126
20	個性的な書店と仕入れ能力	133
21	地域文化とともに	145
22	信頼されている書店から学ぶもの	151
23	読者とともに個性的な書店づくり	155
24	書店が生き残る知恵は無数にある	160
25	商いのおもしろさを求めて	170

プロローグ
──活字文化の担い手たちへ

「本」との出会いは夢と冒険の旅

「本」とはとても不思議な存在だと、いつも感じています。筆者の場合、読まない時期はまったく読まないが、読み始めると止まらない。寝る時間を削っても読まずにはいられない。

人によっては、なくてもいっこうに困らないが、人によっては必要不可欠なものだという不思議な存在、それが「本」だと筆者は強く感じています。

もちろん、筆者はいわゆる読書家ではありません。学術書を読みあさったり、古今東西の名作・大作に通じているというわけでもありません。ごくふつうの「本」好きです。その筆者がこれまでどう「本」とかかわってきたのか、まずそのへんのことからお話ししていきたいと思います。なお、本は製品を売るという面からみれば、ただの商品ですが、心を揺さぶる面から見ると、ただの商品とは思えない面があります。そこで、本書では、敬

意をこめて「本」とあえてカギカッコをつけて表示することにしました。

ハラハラ、ドキドキを与えてくれる読書

　筆者と「本」との関係を思い返してみると、もっとも「本」を読んだ時期は、小学生の高学年の時期であったことははっきりしています。そのころの筆者は、毎日「本」ばかり読んでいました。当時住んでいた千葉県山武郡大網白里町の最北端の町には書店がなく（あったかもしれないが、遠かった。あるいは筆者は知らなかった）、読んでいたのはもっぱら学校の図書館で借りたもので、冒険小説や伝記の類が大半でした。自分もいつかは冒険の旅に出たい、世界に名を残すのはどのような人たちか。いつも、ハラハラドキドキしながら寝る時間を惜しんで読んでいました。

　中学生になったころからは、あまり「本」を読まなくなりました。勉強もあまりしなかったが、学校が遠くなったことと、新聞配達にかなりの時間を必要としたことが、その理由だったと思います。

　高校に入学してからもあまり「本」を読んだ記憶はありません。あるときは自転車、あるときは電車通学に数時間、クラブ活動で数時間と、「本」とは縁のない生活

を送っていました。社会人になってからも、あまり「本」を読んだ記憶はありません。

筆者の場合は特別なのかもしれませんが、一般的に「本」をよく読むのは若者で、高齢になるほど「本」を読まなくなる傾向があります。かつてないほどの速さで少子高齢化が進む日本では、今後、永久的に「本」が売れない時代が続くことになります。これは間違いないことで、ある意味しかたのないことです。

社会人になってからの筆者の読書のほとんどはベストセラーになってしまい、けっしてほめられたものではありませんでした。

そのような筆者の読書傾向に変化が現れたのは、「本」に関係する仕事をするようになってからです。具体的にいえば、書店の仕事をするようになってからだといえます。書店には売るほど「本」があるわけですが、棚を整理していると、次から次に読みたいと思う本が現れます。売り物を読むわけにはいかないので、自分で買って読むことになります。

出版情報の整理は必須

そこで気がついたのは、「本」を読まない人は、おもしろい「本」の存在を知らないからではないか、というこ

とでした。

　ということは、「本」のことがもっと話題になれば、あるいは「本」に関する情報がよく整理されていれば、「本」はもっと売れるはずだ、ということに気がついたわけです。つまり、現在の業界に不足しているのは、出版情報の整理が不十分で、かつ流通に大きな問題を抱えている、ということです。

　さらに、出版社に企画力が欠けているという大問題を抱えているため、この業界は長い不況から抜け出せないで苦しんでいるわけです。

　たとえば、村上春樹氏はノーベル賞を取れるか、取ってほしい……。『ノルウエイの森』すばらしい作品です。近くは、カズオ・イシグロ氏がノーベル賞を受賞し早川書房は潤い、日本の出版界は活気づきました。もし、村上春樹氏が受賞したら、こんなに喜ばしいことはないでしょう。

　おもしろい「本」の存在を紹介してくれる媒体、たとえば神田古書店連盟の公式本『JIMBOCHO』や岩波書店の「図書」、「これから出る本」など、いつでも手にはいる状況が望まれる。昔は「新潮」や「図書」その他の本に関する情報誌は多くの書店で簡単に入手できたが、現在では以前ほど簡単に入手できない。残念です。都内

プロローグ──活字文化の担い手たちへ

でこれら図書目録の類がもっとも豊富にそろっているのは神田・東京堂や八重洲ブックセンターなどですが、他の書店にも積極的な情報提供をお願いしたいのです。

　媒体とは物でなくてもよい、人でもいいのです。「本」を紹介するという行為が職業として成り立てば、それがあるいは一番近道なのかもしれませんが、それに近い行為として存在するのは、書店で働く皆さんの薦める「本屋大賞」や「芥川賞」「直木賞」などなど、多くの「本」に関する「賞」の存在も大きいでしょう。なにせ多くの人はどの「本」がおもしろいかを知らないのだから、このように「本」に関する「賞」が多くのメディアで話題になるのは望ましいことです。

「賞」といえば、神田三省堂本店におもしろい賞があります。それは、三省堂本店の文庫担当（当時）の新井美枝香さんが自分で読んでいちばんおもしろいと感じた「本」に与える「新井賞」という賞です。毎月発表されます。筆者の推測では、この賞に選ばれた「本」の売り上げはかなりよいのではないか。このような手段でおもしろい「本」を多くの人に伝えるのは、すばらしい方法です。他の書店も大いにやってくれたらいいのに、と思うのは筆者だけか……。

　新井さんは最近、ついに自分で「本」を出版しました。「探

13

しているものはそう遠くはないのかもしれない」（秀和システム発売・本体 1,000 円）です。ともかくおもしろい。

ハラハラドキドキは「本」の命

　筆者は原稿を書いていて疲れたときは、テレビを観ます。たいていは BS だが……。

　たとえば、NHK・BS の人気番組「全線乗りつくしの旅」は好きな番組の一つでした。旅人関口知宏が、JR の日本全線を乗り尽くす番組で、関口知宏が旅先で出会う多くの人とのふれあいが感動的で癒されました。残念ながら、北海道・根室駅を最後に、全線 19,844 キロを制覇して一区切りがつき、今はこの番組は、終了していますが。

　岩合光明の「世界ネコ歩き」もよく観る番組で、我が家のネコたちもこの番組が好きで、よくいっしょに観ています。

　そのほかにも、「ローカル路線バスの旅」もよく観ます。太川陽介と蛭子能収の名コンビと、毎回入れ替わる女性ゲストの三人が、路線バスのみを使って目的地を目指すのですが、旅先での人々との出会いや、路線バスしか使わずに、四日以内に目的地に到着しなければいけない、という厳しい条件のもとで繰り広げられる想定外の出来事が、この番組の売りです。

プロローグ——活字文化の担い手たちへ

　これらの番組に共通しているのは、癒しと感動、そしてハラハラドキドキの要素があることです。「本」の世界にも、このハラハラドキドキが必要なのですが、最近の「本」の世界には、残念ながら、これがあまり感じられません。これが、「本」の売れない理由の一つかもしれないのですが……。

　出版社さんには、企画力の強化に全力で取り組んでいただきたい。たとえば、まだ記憶に新しいベストセラーの漫画『君たちはどう生きるか』（マガジンハウス）、『バカとつきあうな』（徳間書店）などは企画力の成果といっても間違いないでしょう。

　ハラハラドキドキの話で思い出したのだが、神田古本祭りは、出版界では珍しくハラハラドキドキを感じさせるイベントです（筆者だけかもしれませんが）。ちなみに、古本祭りでの筆者の最近の収穫は、未刊の大作『大菩薩峠』全10巻・定価5万円相当の作品を1万円で入手できたことです。この作品には愛着があり、いつかは手に入れたいと思っていたのです。

　小学生のころ、ラジオの朗読番組でこの『大菩薩峠』が流れていて、ハラハラドキドキしながら聞いていたのはずいぶん昔の話ですが、いつかこの作品を購入したいと念じつつ、いつのまにか50年がすぎていたのです。な

ぜ、50年もたってしまったのか。それは、書店の店頭で
この作品にお目にかかる機会がまったくなかったことが、
その理由です。全集に強い東京堂さんにあることを知っ
たのは、つい最近……。

『大菩薩峠』（中里介山）でさらに心に残ったことがあり
ます。筆者は年に数回山に登りますが、最近、念願であっ
た憧れの大菩薩峠に登りました。筆者が想像していた大
菩薩峠とはかなり異なったイメージで、期待通りの、と
いうには多少残念な気持ちになったのは、50年もの時間
経過を思えばしかたないことでしょうが。それでも中里
介山が山中にこもってこの作品を書いたという山小屋に
めぐり会えたことは感動的でした。

最近読んだ本でハラハラドキドキしたのは、『騎士団長
殺し』『私を離さないで』『神宮の奇跡』『殺人犯はそこに
いる』『君たちはどう生きるか』くらいでしょうか。

書店は、もっと販売方法に工夫を

『殺人犯はそこにいる』は、さわや書店フェザン店の長
江さんが表紙を隠し、「文庫X」として販売したことで全
国的に話題となりました。このような、とんでもない販
売手法を編み出した長江さんに脱帽！　書店の皆さん、
販売方法を工夫することで「本」はもっと売れるはずです。

「神田古本祭り」は年一回と最近まで思っていましたが、最近は春にも古本祭りが開かれることを知ったので、楽しみが増えました。どうせなら、春・夏・秋・冬と年四回あってもいいと思うのは筆者だけでしょうか……。

いずれにせよ、学生が希望する就職先として、出版業界は以前から人気があるが、2018年には印刷・出版業のランキングが上昇しているというニュースがありました。出版社「学情」が運営する就職サイト「あさがくナビ」の編集長・乾真一郎氏によれば、コンテンツビジネスに学生の興味が移っている、ということらしい。出版業界は、このような若い人たちの〝新鮮な発想・新鮮な感覚〟をいかに取り込むか、を考えなければならないでしょう。

と同時に、新鮮な感覚と、しなやかな感性を持った〝新しい出版社〟がたくさん生まれることが望まれます。

が、これはかなり厳しい。なぜか。

口座開設の高い壁

それは出版社を立ち上げるには、取次に取引口座を開設しなければならないからです。

取次は、なぜか口座開設を渋る傾向にあります。じつはこのことも、「本」の売れない原因の一つでもあるかも

しれないのです。スポーツの世界でも、将棋の世界でも、ITの世界でも、十代の若者が大活躍しています。出版の世界でも、若者のしなやかな感性が必要ですが、このような取次のあり方は一つの壁になっているのです。既存の出版社では、斬新な企画は生まれにくくなっています。取次は、もっと積極的に口座を開設して、若者のしなやかな感性をこの業界に取り込む姿勢が望まれます。

　もちろん取引口座を開設しなくても、本を販売することはできます。出版社みずから書店を周り、書店と交渉して本を置いてもらえばいいのだから、話は簡単です。しかし、話は簡単でも、実際にはこれはそう簡単ではありません。したがって、多くの出版社では、取次に配本をまかせてしまうことになります。

いつまでも、委託販売に頼るべきではない

「新刊委託制度」は、明治42年から始まり今日にいたっているのですが、出版業界は、明治に立ち上がったこの配本システムをいまだに後生大事に利用しています。そもそも、「新刊委託制度」なるシステムが存在しているのは日本だけで、欧米には存在していません。

　日本を代表する二大取次の直近の決算では、どちらも本業の取次業は赤字決算となりました。最終的に、本業

以外で健闘し、かろうじて黒字決算したものの、20年間続いた出版不況も、ついに来るところまできた感があります。

　話は変わりますが、2018年9月4日、台風21号が西日本を直撃し、西日本各地に壊滅的な被害をもたらしました。関西空港は高波によって浸水し、一面海と化し、陸地と空港を結ぶ連絡橋は強風に流されたタンカーの衝突によって破壊されてしまいました。この状況をテレビ映像で見ていた筆者は、今の出版業界の置かれている状況を目の当たりにしている感がありました。この関西空港水没事件はある意味、想定外のできごとといえますが、20年続いた出版不況はいつかこの日がやってくる、それが予想できるだけに、恐ろしい……。

　日本の出版業界はまさに水没寸前で、個々の利害を乗り越えた業界の一致団結がなければ、この未曾有の危機を乗り越えることはできません。この20年間で多くの出版社の、また多くの書店の経営が破綻し、消えていきました。残念なことです。

　ネット社会の進行、少子高齢化の世界でも出版界に未来はあるのか。もしあるとすれば、どこに糸口を見いだせばよいのか。出版界に内包されている多くの問題点が解決されたら、あるいは出版再生の道が開けるかもしれ

ません。

　本書では、出版界の問題点を、口座開設の高い壁、業界三者の利益配分の問題、安すぎる本の定価、不公平な正味問題と透明性の低い取引慣習、見直しの必要な「新刊委託制度」など流通上の問題と、企画力・販売力不足など、企画・販売の問題に分けて考えました。

　業界に内在する多くの問題点とは何か。それでは本題にはいりたいと思います。

第一章

取次は、どう変わればいいのか

―業界は活字文化の担い手の自覚を

1 業界は、活字文化の担い手としての自覚を

取次が変われば、業界は変わる

　今、出版業界は、20年続く出版不況で、最悪の状況です。出版物の売上のピークは1996年。日本経済のピークも1996年で、1997年にバブルがはじけて以来、他の業界はともかく、出版業界はいまだに苦しみ続けています。1995年に本格的なインターネットの時代にはいり、「本」の売れない時代がはてしなく続くことになります。

　それ以外にも本が売れない原因はいくつもありますが、そのすべてを取り上げることは、本書の目的ではありません。本書では、業界内に内在している諸問題の中から本の販売にとくに大きな影響を及ぼしているのではないかと思われる点に絞り込んで考えてみたいと思います。

　「本」の売れない時代にもベストセラーは誕生しているのですから、多くの人に関心を持ってもらえる企画を考えれば「本」は売れる、つまり「本」が売れない最大の原因は、じつは出版社に企画力が足りないということ、これが「本」が売れない最大の原因なのではないか、と

第1章　取次は、どう変わればいいのか

考えるのは、ある意味で当然のことではないでしょうか。

既存の出版社に十分な企画力が望めないのなら、斬新なアイデアを持った人たちを積極的にこの業界に取り込めば、業界に新鮮な風が吹き始める可能性が生まれます。

ところが、出版業界では新規参入をあまり歓迎しない風潮があります。出版社を立ち上げるには取次会社（以後「取次」）と取り引きができればよいのですが、肝心の取次が取り引きに必要な口座開設をしたがらない風潮があるのです。

大手取次の人によると、「口座は1,000あれば十分」なのだそうです。現在、大手取次は、概算ですが、3,000前後の口座を持っています。とすれば、2,000口座はいらない口座ということになります。企画力のない2,000社は、取次に利益をもたらさない不要な出版社ということになりますが、この考え方は大きな勘違いといえます。

出版業界には大から中小、弱小まであり、それらが業界全体を支えています。そして、弱小でなければ実現できない企画もじつは多いのです。口座は1,000あれば十分という人は、ここのところをよく理解できていない。いうなれば、〝活字文化の担い手としての自覚に欠ける〟といえるのではないでしょうか。

23

業界３者の中でもっとも強い立場にあるのが取次

　出版不況とよくいわれますが、業界内部に潜む多くの問題が、じつは「本」の売れない原因の一つであることに間違いない、と筆者は感じています。業界内に存在する取引習慣や不透明な取引条件などは、時折問題化することはあっても、具体的にはそのほとんどが未解決のままであることは大きな問題です。業界内に潜む多くの諸問題が解決できれば、出版不況のいくつかの原因はなくなる、少なくともかなり改善されることは間違いないのです。

　現在の出版業界は、簡単には解決できないほど多くの問題を抱えています。出版業界は、出版社、取次、書店の３つの業界がそれぞれ水平分業で業界が成立しているということは、業界内のどこかで齟齬があった場合、そのことが業界全体に与える影響が、想像以上に大きな波紋を広げる危険性があります。

　たとえば、一部の出版社の取引条件が突出して好条件であった場合、取次は他の出版社の取引条件を悪くすることで、その埋め合わせを考えざるをえません。取引条件の格差は、そこから生じて業界内の透明性が失われる、ということがあります。取次と出版社間の取引条件は、本来同一条件であるのが望ましいのですが、実際はそう

第1章　取次は、どう変わればいいのか

はなっていません。しかし、この取引条件の壁は高く、そう簡単には越えられません。

それ以外にも高い壁は多く存在します。その最初の壁は、口座開設の壁で、この口座開設の壁が低くなれば、業界にも未来が開けてくる可能性があります。

なぜ、そのような壁ができてしまったのでしょうか。じつは出版社側にも責任があります。

多くの出版社が取次に利益をもたらす優良な出版社であったならば、このような壁はできなかったのではないか。それが、そうではないという事実があるから、取次としては、口座ばかりたくさん開いても意味がない、ということになってしまうわけです。口座開設の高い壁をつくってしまったのは、じつは皆さんなのですから、出版社は反省すべきです。

ほかにもいろいろ問題は山積していますが、ここで業界３者が一体となって問題解決に取り組めば、今は厳しい出版業界にも未来が開ける可能性が見えてきます。

業界３者が一体となるためには、まず取次に行動してもらう必要があります。なぜ取次か。３者の中で取次がもっとも発言力があるからです。

「業界３者」とは、すでに述べましたが、今一度確認すると、出版社・取次・書店のことです。出版業界は、こ

25

の３者が一体となって業界を支えています。

　この中で、取次は出版社とも書店とも取引があり、同時にどちらに対しても強い発言力を持っています。いっぽう、出版社は書店に対して発言力はありませんし、書店も出版社に対しての発言力はほとんどありません。どちらもお互いに取引関係が存在しませんから、取引がないのに発言力がないのは当然です。出版社にも書店にも発言力があるのは、取次だけなのです。

　それでは、これらの背景を理解したうえで、そのあたりの問題について具体的に考えていきたいと思います。

他の業界になくて、出版業界にあるもの
　日本の出版業界は、規模からいえばアメリカに次ぐ世界第二位の規模を誇ります。また、日本の出版システムは、世界的に見ても珍しい、日本独特のシステムで成り立っています。その特徴とは「新刊委託制度」と「再販制度」であることは、皆さん、すでにご存じのとおりです。

　他の産業との比較で出版業界を俯瞰した場合、出版業界にあって他の業界には存在しないものがたくさんあります。別な言い方をするならば、出版業界には不可解な制度（のようなもの）がじつに多い、ともいえます。一言でいえば、〝透明性に欠ける〟点が多い、ともいえます。

26

第1章　取次は、どう変わればいいのか

　出版業界にあって他の業界にないものとは、どのようなものでしょうか。〝出版業界独特のシステム〟をあげると、次のようなものがあります。

　三位一体の水平分業、口座開設、取引条件格差、条件支払い、返品問題、断裁処分、出版権、著作権、印税……、出版業界独特のものは、主なものだけでもこんなに存在します。そのなかには、業界を破滅に導きかねない大きな「取引条件格差」があります。

　これら諸問題の多くは、明治時代の終わりから大正・昭和の初期にその原型がつくられた日本の出版業界の流通、販売システムです。明治、大正、ある部分は昭和初期に考えられたシステムがほとんど変わることなく、現在まで引き継がれている業界は、きわめて珍しいといえます。これまで何度も業界内で問題提起されながら改善されず、今日にいたってしまった最大の原因は、利害関係が複雑に絡み合い、業界として身動きができない状態に陥ってしまったからではないか、と筆者には感じられます。

　時代が変われば、それに合わせて世の中の仕組みも変わっていくのが自然です。よき伝統は引き継ぎ、悪しき習慣を排除していくことで、住みやすい社会が実現し、産業・経済は発展します。出版業界においても、時代に

27

合わなくなってしまった取引習慣を排除することで新しい時代に対応できれば、20年間続いた出版危機を乗り越える可能性が生まれるのではないか、と筆者は考えています。

窮地に立つ取次

　出版界にはさまざまな問題があり、最大の問題といっても、じつは一つではなく、いくつも存在します。出版業界を一つの人体とみなした場合、その一部に癌が発生し、その部分を手術しても、べつなところにも転移して再手術が必要となります。しかし、何度手術をしても、期待したほど健康は回復しない。そんな状況が現在の出版界といえます。

　これが現在の出版不況の原因であるとするならば、どこを何度手術すればこの不況から脱出できるのか、正直、筆者にもわかりません。それでも、何度でもやるしかありません。

　流通問題の多くは、取次の姿勢に存在します。それを具体的に一つ一つ考えていきたいと思います。

2 取次がかかえる2つの大問題

問題点だらけの口座開設

　取次がかかえる問題点としては、細かいことをいえばきりがないように思えますが、大きく分けて2つの問題があるように感じています。1つは口座開設の問題であり、もう1つはマージン率の問題です。じつはこの2つの問題がからみあい、複雑なことになっていますが、それをおいおいときほぐしながら考えていくことにしましょう。

　まず、口座開設の問題です。

　出版社は、誰でも自由に作れます。表現の自由、出版の自由が憲法で保障されているからです。届け出が必要なければ、許可をもらう必要もありません。出版を始めようと思えば、今日からでもすぐに出版活動は可能です。

　しかし、作った「本」を書店で販売するためには、取次に自社の取引口座を開設しなければ、書店で販売はしてもらえません。「本」を全国の書店に配本してくれるのは取次だからです。ところが、この口座開設が至難の技

であることは、すでにお話ししたとおりです。

　この口座開設の問題をご理解いただくために、銀行の場合とくらべてみましょう。銀行の業績は、基本的に、できるかぎり多くの取引口座を持つことから始まります。普通預金口座をどれだけ多く開設できるか、それで業績はほぼ決まってきます。集めた預金を運用して利益を出すのが銀行業務だからです。なかには、預金残高の少ない口座もありますが、それはしかたのないことです。要は、トータルでどれだけの資金量を持つか、それが大切なのです。

　一方、出版業界における取次はどうでしょうか。取次の場合も基本的には銀行の場合と同じです。どれだけ多くの口座を持っているかが大切なのです。口座の数こそが利益の源泉であることに変わりはありません。取次に利益をもたらさない口座に対しては、それ相応のペナルティを要求すればよいのです。ただし、あらかじめ一定のルールを定め、すべての出版社にこのルールにしたがってもらうことが必要です。ここで例外を作っていてはだめなのです。

　この問題については、後でまた詳しくふれることにしましょう。

第1章　取次は、どう変わればいいのか

「売れた分だけが取次の利益になる」の改革を

　現在の流通システムですが、送品金額から返品金額を差し引いた金額、つまり売れた分だけが取次の利益の源泉となります。

　しかし、「本」が売れない時代にはいった現在では、ここから脱出しなければなりません。これまでのビジネスモデルは、もはや通用しません。

　物を売る商売のコツは、〝安く仕入れて高く売る〟ことです。出版業界には低価格の商品から、比較的高定価の商品まで、かなりの差が存在します。定価300円前後の商品をいくら売っても利益はわずかです。しかも、「本」は年々売れなくなっています。これでは取次も書店も経営が苦しいのは当たり前です。

　取次でいえば、「本」が売れても売れなくても、ある一定の利益を確保できる体質にシステムを変換する必要が求められます。「本」は、活字文化を支える精神的遺産ともいえる商品ですが、売れなければ企業活動は成り立ちません。

3　利益の上がるシステムの構築を

仕入れ正味の見直しを

　では、取次はどうすればいいのか。取次として改革しなければならない問題点の第一は、仕入正味の引き下げです。定価別に、現在の仕入正味を見直すことから始める必要かあります。

　現状では、取次の受け取るマージンは本の定価の8パーセントとされています。しかも売れた分に関しての8パーセントですから、返品率が40パーセントにも達している現状では、これでは取次の経営が成り立ちません。

　返品にかかるコストを出版社にもっと負担してもらうことも当然のことですが、業界の利益の配分問題を考慮した場合、正味そのものを変更する必要があるのです。

　たとえば、雑誌やコミック、文庫本や新書などの低価格商品は2～3パーセント程度は仕入れ掛け率を下げる必要がありそうです。具体的には、1,000円未満の商品の正味切り下げです。

　その他については、1,000円以上2,000円未満など、1,000

円単位で1〜1.5パーセントの仕入れ掛け率引き下げを検討する必要があるかもしれません。また、高定価の商品については現状のままで行くとの判断もあり得ます。

仕入れ掛け率引き下げについては、すべての出版社に協力してもらうことが大前提になります。ここで特定の出版社が優遇されるようなことがあっては、この話はまとまりません。

とくに、大手出版社などは積極的に協力することが求められます。というのも、低価格の商品は大手出版社に多いからです。ここで大手出版社が協力しないと、この改革は前進しません。

もし取次の経営が破綻した場合、もっとも業務に支障をきたすのは大手出版社なのですから、何がなんでも協力してもらう必要があります。それが日本の活字文化の担い手である出版社の義務ともいえます。

自社の利益のみにこだわっていたのでは、業界の改革はできません。

取引条件の見直し

このような事態をまとめるには、「書協」や「雑協」が中心となって話を進めることが望ましいと思いますが、新たに組織を立ち上げることなども、検討に値します。

たとえば、「出版産業支援機構」などの組織を設けて、会員の経営を支援するなどです。1.5兆円の売上のある出版界ですから、幅広く参加を呼びかければ、当面の運営に必要な資金は集まる可能性が高いと思われます。

　日本の活字文化を守るために、業界が心を一つにして協力することが求められます。そのためには、大手出版社の協力が絶対条件となります。

第1章　取次は、どう変わればいいのか

4　大問題だらけの取引条件

口座開設に伴う優位的地位の乱用？
　独占禁止法では、優位的立場の乱用を禁止しています。百貨店業界やその他の業界でこの問題を指摘された例はありますが、取引関係にある企業が自社に一方的に有利になるような要望・要求を禁止する法律が独占禁止法で、出版業界においても、当然、そのような事例がある場合には適用されることになります。

　筆者はこれまでの経験上、出版界においてもこの法律に触れるのではないかと思われる事例を見聞きしています。公正取引委員会がどのように考えるかは別にして、筆者の考える具体的事例とは、以下の二つです。

　その1は、口座開設にからむものです。出版業界では、出版社を作るのは自由で簡単だが、口座開設をするのはきわめて困難、と一般的にはいわれています。それは、大手取次が容易に取引口座を開設してくれない、という現実があるからです。

　出版社としては、「本」を作っても書店に配本してもら

35

えなければ意味がありません。取次に口座が作れないということは、この書店への配本の道が閉ざされるということです。大手取次に出版社からの口座開設を断わる権限があるのか、ということですが、口座開設以前で、まだ取引関係が成立していない相手に対しても、〝優位的地位の乱用〟に該当するのではないか、というのが筆者の解釈です。

　取引関係の成立していない相手に対しても、明確な納得のできる理由がないのに取引を断わることはできない、と独占禁止法で禁止していることを考慮した場合、納得のできる理由がないのに口座開設を断わることは独占禁止法に違反するのではないかと考えたとしても、不思議ではないように思えるのです。

劣悪な条件でものまざるをえない新規出版社
　その２としてあげられるのは、仮に口座開設ができることになった場合の話で、このとき取次から要望される取引条件について、取次は出版社に対してきわめて厳しい取引条件を提示してくるという事実です。そのような条件で取引を開始しても出版社としてはとても採算が取れない、と感じる場合も多いのですが、泣く泣くこの劣悪な取引条件を受け入れざるをえないことになる、とい

36

第1章　取次は、どう変わればいいのか

う事実が存在します。この劣悪な取引条件を受け入れないかぎり、そこから先へは進めないからです。

　この事例では、口座開設を希望するすべての出版社に対して同じ条件を提示するのであれば問題はないかもしれませんが、そこがオープンにされない現状では、自社に提示された取引条件が業界の平均と比較してどうなのかは、誰にもわかりません。〝取引は個々〟というセリフを取次は切り札のように考えている風潮がありますが、これは不公平取引を正当化するための発言としか思えません。

劣悪な取引条件とは

　現状で考えられる劣悪な取引条件とはどのようなものなのでしょうか。具体的にそれを定義する物差しは存在しません。そこで、本書では以下の2点について考えることで、劣悪な条件とは何かを考えていきたいと思います。

　一つは他社との比較。つまり、よい条件で取引をしている出版社とそうでない出版社との違いがどれだけあるのか、という事実です。

　さらにもう一つは、この条件で取引をして〝利益が出るのか〟という視点で、こちらからも考えてみたいと思

37

います。

優遇されている大手出版社

　まず、大手出版社と劣悪条件の出版社では、「出し正味」がどれだけ違うのか、という問題を考えてみます。なお「出し正味」とは、出版社が取次に納品するときの納品価格のことで、通常、定価の何パーセントで納品するか、と言い表します。定価の72パーセント前後で納品する出版社の例もあれば、67パーセント前後で納品する出版社もあります。

　現状では、大手出版社の場合の平均的な出し正味は72パーセント前後であるといわれています。

「いわれている」とは、これらの数字はオープンにされているわけでもなく、また取次から直接聞いたわけではないので、このような表現にならざるをえないのです。

新規出版社に求められる重い負担

　一方、新規に口座を開設した出版社の出し正味は67パーセント前後ですから、最初から5パーセント前後の差が存在することになります。不公平取引はこれだけにとどまりません。

　新規出版社には、さらに歩戻し5パーセント、返品歩

第1章　取次は、どう変わればいいのか

戻し2〜3パーセント、支払い保留30パーセントなどの条件が追加される場合が多いと聞きます。当然ですが、内払いなどはありません。

　なお、歩戻しとは、取次から出版社に支払われる金額から割り戻されるもので（追加で要求される取り扱い手数料と考えてよい）、出版社の売上から差し引かれる一定の追加の手数料で、その月の支払い金額から差し引かれます。つまりこの例では、67パーセントで納品した金額から歩戻し5パーセントが差し引かれ、実際の納品は定価の62パーセントとなります。

　さらに、返品額に応じて2〜3パーセントが返品手数料として差し引かれることもあります。

あまりにも大きい条件格差

　支払い留保とは、本来出版社に支払われるはずの金額のうち30パーセント前後が、すぐには支払われずに保留されてしまうことです。ここでの問題は、支払い保留まで考慮した場合、好条件の出版社と劣悪条件の出版社との間では、出版社が受け取れる金額にかなり差が発生することになります。

　これほどの差を最初から要求する取次の姿勢は、優位的地位の乱用といわれてもしかたがないのではないか、

と思うのは筆者だけでしょうか。

　取次の言い分としては、この条件が不満なら口座開設は見合わせていただいてもけっこうです、ということになるのでしょうか。口座開設を希望する出版社は泣く泣くこの条件をのまざるをえない場合が多いという事実があり、大きな問題といえます。

　業界に新鮮な風を吹かせるために、取次各社は透明性を高める努力をすべきでしょう。新規の取次条件を公表し、それを基準値とすべきではないかと考えます。

第1章　取次は、どう変わればいいのか

5　取次を変えるための発想の転換を

口座開設を取次が歓迎しないのは

　大手取次は、これ以上口座を増やしたくないと考える風潮があります。新規に口座開設を希望する出版社に厳しい条件を要求するのは、そのような考えを持っているからだと考えられます。

　取引口座を増やせば売上も増えて、取次の経営は安定すると一般的には思われますが、実際はどうなのでしょうか。

　大手取次の立場で考えてみると、筆者の推測ですが、3,000社を越える口座が存在し、これ以上口座を増やしたら大変なことになる。なぜなら3,000社を越える口座があっても、取次に貢献しているのはほんの一部の口座にすぎない、という現実があるからです。ほとんどの取引口座は、取引額がきわめて少額、返品率が高いなどの理由で、取次にとっては手数がかかるだけという現実があるため、手数ばかりかかる口座はもう増やしたくないのです。

41

利益確保のためにも発想の転換を

　大手取次のこの言い分も理解できないこともないのですが、もともと出版は当たりはずれの多い、リスクの高い業種なのでしかたがないのです。ある意味では、これが出版業界の宿命ともいえます。

　この問題を解決するには、発想の転換をするしかないのです。〝売れた分だけが取次の利益〟という現在の業界の仕組みを変えるしかないのです。発想の転換でこの問題を解決するしか道はありません。

　具体的には、口座開設依頼には積極的に応じ、口座開設手数料や保証金をいただく。取次は、書店と取引をするときに書店から保証金をいただいているわけだし、出版社に保証金を要求しても何も問題はないのです。口座開設にはそれ相当の手数がかかるのも事実ですから、口座開設手数料がかかったとしても、誰も苦情はいわないでしょう。他の業界では、口座開設をする場合に顧客に手数料を求めているケースもあります。口座開設にも、請求書発行にも手数がかかるのですから、手数料をいただいても不思議はないのです。

　取次は「本」の売上から利益を得るのではなく、手数料収入を主体にした業態に転換する必要があるのです。

既存の出版社に対しても、〝口座維持管理手数料〟を支払ってもらうシステムに変えていく必要があります。口座残高の１パーセントを手数料の目安と考えてもよいのではないでしょうか。これにより、「本」が売れても売れなくても、ある一定の収入は確保できる体制が生まれます。

新刊委託と返品歩戻し

　取次の利益は、「本」が売れたらその額に対してあらかじめ定められたマージンをとる、これが基本になっています。「本」が売れていた時代はこのシステムで十分採算がとれていましたが、「本」が売れない場合は、このシステムでは取次の経営が成り立たないのは明らかです。

　最近の決算で二大取次が本業の取次部門で赤字決算となりました。これは、「本」が売れないことにより返品に伴う経費の増大で、流通経費がまかないきれなくなったことが原因です。返品率が40パーセントと高水準で推移したことが本業の取次業で赤字を生んだわけです。

　この問題を解決するには、まず「新刊の委託制度」を見直すことです。新刊は当たりはずれが多く、返品率が高くなる傾向にあります。返品されたものは、取次の利益には結びつきません。この傾向が改善される見通しは、

出版物の必要性が、相対的に薄れてしまった現在では望み薄、と考えるしかありません。

　取次はこのへんで返品の発生しない注文品の流通に切り換える必要があります。注文流通に切り換えたとしても、多少の返品は発生しますが、わずかですみます。売り上げは低迷していても、返品にかかわる経費を極力抑えることで、取次の経営は大きく改善することになります。もともと日本の出版物は買い切りであったわけですから、原点に戻ることになり、欧米の合理的な流通に一歩近づくことになります。

返品歩戻しの見直しは必須

「新刊委託制度」の最大の欠点である返品、取次はその返品処理に膨大な経費をかけています。その問題を解決すべく、取次は「返品歩戻し」という解決策を出版社に要求しています。が、新規に口座開設をする出版社には要求できますが、すべての既存の出版社に対しては、それほど簡単には要求できません。既存の出版社とはすでに契約書を取り交わしがされているので、これについては出版社の同意がないかぎり簡単には変更できないからです。

　つまり、新規に口座開設を行なった一部の出版社が同

意して返品歩戻しを支払ったとしても、焼け石に水なのです。すべての出版社に平等に負担してもらうことが大切なのです。

　売れない時代には、売れない時代に対応したシステムが必要です。返品の発生しているすべての出版社に一定の返品費用を負担してもらうことが必要になります。これができないかぎり、取次は本業の取次業で黒字決算は望めません。

　この問題が表面化したのが、2018年と2019年3月期の決算で発生した二大取次の本業である取次業の赤字決算です。二大取次が本業の取次部門で赤字となる前代未聞の決算が2018年の出版業界における最大のニュースといえるかと思うのですが、日販は2019年3月期の決算で、ついに最終赤字に転落してしまいました。これは単に取次の問題だけと考えてはなりません。日本の活字文化が危機的状況に置かれていることにほかなりません。

　1997年から20年続いている出版不況もついにここまで来てしまいました。業界3者は一体となって、この危機的状況を克服しなければなりません。

銀行業界を見習う

　取次の改革を考える場合、たいへん参考になる事例が

45

あります。私たちにも身近な銀行の話です。たとえば、自分の預金口座から預金を引き出すのに手数料がかかります。すべてではありませんが、休日などに預金を引き出すには手数料がかかります。

　このようなシステムになったのは、いつのころからでしょうか。あまりに古い話なので思い出せませんね。それは、キャッシュディスペンサー（ATM）が導入されはじめてからと考えて、ほぼ間違いありません。かなり昔の話です。

　銀行システムのOA化に膨大な費用がかかり、銀行が自前で負担しきれなくなり、OA化に要する費用の一部を預金者にも負担してもらおうと考えたのです。当時も銀行は一定の利益は計上できていたので、よく考えればおかしな話なのですが、それでも預金者からはあまり苦情は出ていません。それは、すべての人に負担してもらうことで、一人当たりの負担額を小さく抑えているからなのです。これが、一般の預金者には負担してもらい、特定の預金者は免除などとなったら、苦情が殺到することは目に見えています。

負担は公平に
　一方、現在の取次の取引のあり方を観察していると、

多くのシーンで一部の出版社にだけ負担させているペナルティ的性質を持つものがなり存在しています。歩戻しや返品歩戻しは、その典型といえます。これでは不満が出るのは当然です。

　歩戻しや返品歩戻しなどは、すべての出版社に負担してもらうという銀行方式に転換すべきなのです。売上金額の大きい大手出版社でも返品が発生しているのは事実なのですから、返品部分に対しては、それ相応の費用を負担してもらうのがよいのです。大手出版社も負担するのであれば、誰からも苦情は出ないでしょう。

　すべての取引出版社に平等に、正々堂々と要求すべきものは要求すべきなのです。透明性を高め、負担してもらうものは平等に負担してもらうように早急に、変えていく必要があります。不透明感の強い部分を改善していくことで、取次の経営は安定していくでしょう。さらに、出版社や書店の協力も得やすい環境が生まれます。

　返品歩戻しは、すべての出版社が平等に負担するように変える必要があります。

口座管理手数料をすべての出版社に

　口座開設手数料の話はすでにしましたが、それ以上に大きな意味を持つのが、推定3,000口座もある口座の管

理に要する費用です。

　取引先出版社からの請求に対してその支払いに対応するには、毎月ごとに膨大な日々の管理事務が、当然ですが必要です。

　これまでは、このような費用は豊富な売り上げに支えられて出版社に請求することはありませんでした。しかし、売り上げが20年前のおよそ半分に減少した現在では、もう自社で負担しきれないところまで取次は追い詰められています。

　ここでの改革は、すべての出版社に対して、口座管理手数料を負担してもらうことが必須条件になります。具体的には、銀行の預金引き出しの場合と同様に、すべての出版社に平等に負担してもらうことが必須条件になります。目安としては、各社売上金額の1パーセント程度が負担の目安と考えられます。よく似た例として、投資信託のシステムがあります。

投資信託運用手数料にみる稼ぎ方

　銀行や証券会社で投資信託を購入すると、当然ですが、手数料の負担が発生します。通常、購入するのに買い付け手数料が必要です。証券会社によって異なりますが、一般的には買い付け額の3パーセント前後になります。

第1章　取次は、どう変わればいいのか

次に、投資信託運用手数料が1〜1.5パーセント程度必要となります。投資信託とは、多くの人から資金を集めてその資金を運用して利益を捻出するわけですから、証券会社や銀行が運用手数料を負担するのが当然なのでは、と思いがちですが、そうではないのです。

　現在のビジネスの形として、利用者はいろいろなところで細かく手数料を要求される形になりつつあります。いうなれば、手数料社会なのです。携帯電話のソフトバンクやNTTなどからは、請求書発行手数料なども要求されます。

　取次の口座管理手数料も、この流れに沿ったものであり、特別なものではないのです。投資信託の例で考えれば、口座管理手数料の費用などは、取引残高の1パーセントが目安となりそうですが、そのあたりは、取次と出版社の話し合いが当然必要になります。

取引条件格差と制度上の問題

　大手取次に口座を持っている出版社は、推定ですが、3,000社をすこし超えているといわれています。そして、その取引条件は、上と下ではびっくりするほどの違いがあることがわかっています。この点については、取次側からの発言はいっさいありませんが、出版社からの発言

を得ることではっきりしています。

　具体的には、「出し正味では上は72パーセント前後、下は65パーセント前後で、最初から10パーセント前後の格差が存在しているにもかかわらず、さらに歩戻し、返品歩戻し、支払い保留、内払いの有る無しなど、驚くほどの条件格差が存在しています。このような格差を考慮した場合の正味は、実質20パーセント前後もの開きが生じていると推測されます。

　一方、出版物は定価販売が原則で、これが守られない場合は、ときには取引停止などのペナルティが課せられます。定価販売は、よいとも悪いとも判断できない微妙な問題を含んでいて、業界内においても、賛成派もいれば反対派もいます。実質的にメリット、デメリット両面あることは事実です（これは、制度上の問題です）。

不透明な取引条件格差

　この取引条件の格差に関しては、出版社の大半は問題ありと感じているのに、黙認しているのは一部の大手出版社のみです。一部とはいっても、それらの大手出版社の売上が出版業界の大半を占めているのですから問題です。

　取次のいう〝取引は個々〟との理屈からすれば、いっ

第1章　取次は、どう変わればいいのか

たい何が問題なのか、ということになるのでしょうが、一般的な感覚からすれば、一歩誤れば法律に触れる危険性が多分にあるのではないか、ということなのです。あくまでも可能性の話であり、ここでは結論は出せませんが、すれすれのかなりきわどい行為である、と筆者は以前から感じています。

　法律とは、一体どのような法律に触れるのでしょうか。それは、まえにもふれた「独占禁止法」です。好条件の出版社と、そうでない出版社の取引条件にあまりにも開きがある場合、最初から競争にならないからです。つまり、大手出版社が市場を独占しやすい環境を取次が作り出している、と考えられるのです。

　取引条件格差は複雑怪奇で、水面下にまぎれて、表に現れにくい。この部分がこの業界のもっとも大きな問題点であり、透明性に欠ける部分です。この問題にメスを入れないかぎり、業界の発展はきわめて厳しいと考えざるをえません。現状を維持することさえもおぼつかないでしょう。

　透明性の高い公正な取引を推進することが独占禁止法の求める方向であるとすれば、法律に触れなければ何をしても許される、ということにはなりません。もし出版業界の一部の人たちのあいだにこのような考え方がある

51

としたら、活字文化の担い手としての品格に欠けます。
おおいに反省してほしいのです。

ルールと品格

　正直と勤勉を誇りとしていた日本企業のあいだで、ルール違反が続出して問題になっています。自動車業界、建設業界、鉄鋼業界などなど、日本を代表する大企業のあいだで次々とルール破りが表面化し、社会を揺るがしています。

　このような現象を目の当たりにしていると、「日本人の質が低下している」としか思えません。さらに，日本企業の「行き過ぎた業績優先主義」が背景にあるとも考えられます。

　日本の出版界で何が大きな問題かといえば、それは「行き過ぎた条件格差」だと思うのですが、公正取引委員会はこの問題をどのように感じているのか。

　ルールに触れなければ何をしてもよいわけではありません。

第1章　取次は、どう変わればいいのか

6　失敗の経験から学び、活路をひらく

「鈴木書店」の倒産から見えてくるもの

　2001年、中堅取次の「鈴木書店」が倒産しました。筆者はこの突然の情報に耳を疑ったのですが、驚いたのは筆者だけではなかったろうと思うのです。あまりにも突然の出来事で、信じられませんでした。

　鈴木書店の取引出版社には、岩波書店をはじめとする人文書系の大手出版社が多く、いっぽう取引書店には、紀伊國屋書店、丸善など、これまた大手書店が多くありました。このような背景が「鈴木書店」をつぶした、といわれています。

　どういうことなのでしょうか。

　別な表現をすれば、「鈴木書店」をつぶしたのは、「正味問題」であるともいえるのです。

　この問題について、具体的に考えてみたいと思います。「鈴木書店」の取引出版社には高正味の出版社が多いいっぽう、取引書店には低正味での取り引きを求められる大手書店が多い。大手出版社から高い掛け率で仕入れて、

53

低掛け率で大手書店に卸す——この薄利多売の構造ゆえに「鈴木書店」は倒産した、というのが多くの出版関係者の見方です。

「鈴木書店」のビジネスモデルは薄利多売、このビジネスモデルが通用する良き時代はすでに終わり、今後の出版業界に二度とこのような良き時代が訪れることはないでしょう。

「鈴木書店」倒産の不思議

「鈴木書店」の倒産に関して、不思議に思うことがいくつかあります。

その一つは、倒産に至る前に取引出版社に対して正味交渉をしなかったのか、という疑問です。もし、正味交渉で仕入れ価格を引き下げることができていれば、多少販売額が落ち込んでいたとしても、倒産に追い込まれるのは防げたのではないか、ということです。

もちろん、正味交渉はしたのでしょう。正味交渉もしないで、黙って成り行きにまかせていたとは思えないからです。

これは筆者の推測ですが、「鈴木書店」は取引先の出版社に対して掛け率の引き下げを相談したが、出版社が受け入れてくれなかった。これが真相なのでしょう。

第1章　取次は、どう変わればいいのか

　なぜ、出版社側は受け入れなかったのか。それは、出版社側にももはや受け入れるだけの余力がなくなっていた、と考えるしかありません。

　書店にしても、状況は同じです。もともと書店は出版社よりはるかに利益率が低いのです。掛け率を上げる余裕は最初からないと考えられるのです。

　取次には「取協」という組織が存在しますが、この「取協」はどう動いたのでしょうか。「取協」は形式的な組織で、もともと救済をできるだけの力があるわけではありませんから、どうすることもできず、黙って見守るしかできなかったのでしょう。

　やはり取次の「栗田書店」の経営が苦しくなったおりに、「大阪屋」が経営支援に乗り出し、「大阪屋栗田」が誕生したことを考えると、「鈴木書店」に他の取次からの支援がなかったことは不思議な感じがします。

　最後に銀行に助けを求めることはなかったのでしょうか。これも推測ですが、「鈴木書店」は銀行に運転資金の融資を相談に行ったと考えられます。が、その希望はかなえられなかった……。

「鈴木書店」の経営が破綻したことの発端は、正味問題にあることは間違いありません。鈴木書店の逆ざや現象こそが、経営破綻のもっとも大きな原因なのです。そして、

55

一度決まった取引条件を変えることは、ほとんどの場合不可能なのです。

　出版社にも書店にも、取次にも銀行にも見放されて経営破綻した「鈴木書店」事件とは、いったい何なのでしょうか。考えさせられます。

大手取次の経営は磐石なのか

「鈴木書店」の経営破綻の背景に逆ざや現象があった。だから、破綻は当然といえば当然なのだ、といってしまえばそれまでです。しかし、なぜ、高正味出版社は経営支援をしなかったのか──それが大きな問題なのです。

　いっぽう、大手取次の場合は、高正味出版社（7掛け以上の出版社）に対してどのような対策を考えているのでしょうか。

　最近、大手取次から出版社側に対して経営支援を求める趣旨の発言があったと聞いています。支援というよりは、要請に近いと思うのですが、この要請に対して出版社側の態度が気になるところです。

　出版社側は速やかに具体的な行動を起こさなければなりません。そうでなければ、大手取次といえども、「鈴木商店」の二の舞になりかねません。大手取次は取引先に多くの出版社を抱えていますから、また多くの不動産も

第1章　取次は、どう変わればいいのか

所有していますから、そう簡単に経営が破綻することはないでしょう。しかし、年々経営は厳しくなっている事実からすれば、このままではあと何年耐えられるのか、それが大問題です。今、正味問題にメスをいれないと、大手といえども先行きは危ういのです。

　出版業界は、個々の利害を超えて日本の活字文化を守るために立ち上がらなくてはいけないのではないでしょうか。日本の活字文化を守るために、何かと暗い話題の多い出版界にあって、取次は大手出版社の要求に左右されることなく、自由で透明性の高い経営が求められます。

出版業界用語の豆知識 1

委託販売（いたくはんばい）
　委託期間内であれば、返品が認められる制度。取次を通す大部分の出版物は委託商品であり、返品が可能。通常、週刊誌は 45 日、月刊誌は 60 日、書籍は 105 日が委託期間。出版業の委託販売は、「返品条件付き売買」「返品制」などと呼ばれ、他業界でいう委託とは違って、商品を送品した翌月には、全額、書店に請求される。この制度の普及により、日本の書店は少ないリスクで多くの商品を店頭に陳列販売することができるが、その反面、高返品率の要因になっている。

入り正味（いりしょうみ）
　取次から見て、出版社から仕入れるときの正味「仕入れ正味」のことをいう。これに対して、書店に販売するときの正味を「出し正味」という。

買い切り（かいきり）
　委託に対して売れ残っても返品できない出版物を買い切り商品という。医学書など専門書の出版物に多い。同一出版社の商品でも、委託商品と買い切り商品の両方が存在するケースもある。延勘（繰り延べ勘定。即請求に対して、支払い期間を延ばすこと）の商品、予約・客注などの注文品も原則として買い切り扱いになる。

第二章

出版社は、どうすればいいのか
―企画力と販売力で生き残る道を探る

7 正味問題を考える

出版社が今しなければならないことは

20年間続いた出版不況で、多くの書店や出版社の経営破綻が続いています。ついに大手取次も、本業の出版物取次業部門の2018年度の決算で、赤字を計上するにいたりました。かろうじて経営は維持できているが、風前の灯火で、いつ経営破綻してもおかしくない出版社も多いと思われます。

ネット社会の急速な進行で、「本」の必要性が相対的に薄れてきたことが、「本」が売れなくなった最大の理由と考えられていますが、はたしてそうなのでしょうか。それで終わらせてしまってよいのでしょうか。

たしかに、ネット社会の進行にともなって本が売れなくなってきたのは事実なのですが、本が売れなくなった理由はほかにもありそうです。

筆者の推測では、本が売れなくなったもっとも大きな原因は、出版社の企画力不足ではないのか、ということです。一口に出版社といっても、すべての出版社の業績

が低迷しているわけではありません。業績を伸ばしている出版社も少数ですが存在しています。業績の低迷している出版社と、業績を伸ばしている出版社、その差こそが企画力の差なのです。

ネット社会の進行だけがすべてではない

　最近は、電車の中で「本」を読む人の姿をほとんど見かけません。大半の人は、スマホの画面に夢中です。

　新潮社三代目の佐藤亮一社長（当時）は、ある業界関係者の質問に、「出版界も完全に成熟した業界だから、書籍も皆さんの家庭にあふれている。しかし、世の中の動きは加速していますから、その背景をよく勉強して、できるだけ楽しいものを出版していかないといけないでしょうね」と答えています。

　そうなのです。出版業界は成熟しきった業界なのです。それが「本」の売れなくなった大きな原因なのです。加えてネット社会の進行が重なり、深刻な出版不況が20年の長きにわたって続いているのです。

　出版業界は、過去に存在していた多くの読者をスマホに奪われているのです。多くの家庭では「本」があふれているのです。出版物は、どの家庭にも読みきれないほどあふれています。拡大を続けるネット社会と、成熟し

きった出版。それが、現在の出版不況の大きな原因なのです。

　現在の出版不況は、社会の大きな変化がもたらしたもので、業界の努力では解決できない多くの問題をかかえています。しかも、それだけではありません。他産業に客を奪われてしまった出版業界は、加速して変化している大きな時代の波に乗り遅れてしまった状態なのです。

　乗り遅れたといっても、紙の出版が時代に合わなくなったということであって、紙が電子に置き換わっているということなのですから、出版社は電子出版に乗り換えることで、ある程度問題は解決できるはずです。

　しかし、電子出版に乗り換えることですべてが解決できるわけではありません。紙の世界でも電子の世界でも、売れないものは売れないし、売れるものは売れるのです。どちらも企画力の差なのです。

川上が変わればすべてが変わる

　出版社にいては気がつかないが、書店にいるとわかるということがあります。それは、配本されてくる本の多くが、期待するほどには売れない本だという事実です。それが、返品率40パーセントを超えてしまい、取次も書店も経営が成り立たない状況を作り出しているのです。

第2章　出版社は、どうすればいいのか

　これは明らかに出版社の責任です。もっとも、返品率
40パーセント越えは出版社だけの責任かといわれれば、
絶対にそうだとは言い切れない部分もあります。新刊委
託販売制度というシステム自体の持っている大きな欠陥
にも問題があります。その意味では、取次にも責任があ
ります。

　多くの家庭に読みきれないほどの出版物があふれてい
るのに、同じような本を次から次へと市場に投入しても、
返品が増えるだけで、実売には反映されません。これを
証明するかのように、業界全体の返品率は、過去最悪の
40パーセントを越えるところまで跳ね上がっているので
す。

　返品率が上がって困るのは、取次と書店です。出版社
の多くは、この問題についてはそれほど責任を感じてい
ない風潮がうかがえます。それを証明するかのように、
本は売れないのに、新刊点数はそれほど減っていないと
いう現実があります。

　本が売れないのであれば企画を吟味し、新刊点数を
抑え、1点1点の出版物をたいせつに販売する、あるい
は受注生産型の販売システムに切り換える──これこそ
が、あるべき選択肢なのです。

　この出版不況を乗り切るためには、まず出版社が変わ

63

る必要があります。少なくとも、出版社がこれから「本」を企画するときに大切なことは、〝類書〟の存在しない新鮮な内容の「本」を企画する姿勢でしょう。これが絶対条件です。出版社は、反省しなければいけないのです。

　川上が変われば、出版業界のかかえている問題の多くは解決できる可能性が高いのです。

出版不況から業界を救うために

　業界の再生のために、出版社は企画力の強化以外に何か打つ手はあるのでしょうか。もちろん、やらなければならないことはあります。

　日本には、およそ3,400社の出版社があります。20年間続いた出版不況から業界を立ち直らせるために、出版社はどうすればいいのでしょうか。

　そのためには、まず大手出版社が動く必要があります。大手出版社にはそれだけの力があるからです。具体的には、書協加盟の400社が行動を起こすことが、業界を改革するための第一歩となるのではないか、と思われます。400社の行動をまとめるのはたやすいことではありませんが、それでもやるしかありません。中小には残念ながら、その力はないからです。

　どうしても業界としてまとめることが困難であるなら

第2章　出版社は、どうすればいいのか

ば、チャンピオン交渉にゆだねるしかないかもしれません。

　チャンピオン交渉とは、たとえば講談社とトーハンの間で取り決めたもろもろの取引条件等を基準に、他の取次や出版社にはそれに従ってもらう、というようなことです。

　いま大手出版社のなすべき緊急の課題は、企画力に磨きをかけることと、正味の引き下げを実行することです。なお念のために付け加えておけば、「正味」とは、出版社から取次に商品をおろすときの値段で、出版社によってもちがいがありますが、おおむね定価（本体価格）の67〜72パーセントほどになります。

　企画力の強化と、正味の引き下げ、さらに「本」の定価の値上げ、出版社からの改革の手段はこれに尽きます。これが実現できれば、取次の経営も、書店の経営も格段に改善する可能性が生まれます。

正味の引き下げは実現できるか

　いま業界でもっとも社員の年収が高いのは、大手出版社です。大手出版社には、取次各社や書店業界にくらべれば、まだ経営的に余裕があるはずです。ということは、正味を引き下げることもできない話ではない、と筆者は

感じています。

　今かりに書協加盟の出版社400社の売上が1兆円あると仮定して、この400社が正味を1パーセント下げることができれば、100億円が書店の粗利、あるいは取次の手数料として回せる可能性があります。もちろん、この400社のすべてが利益を計上しているとは限らないので、利益を計上している上位400社とする選択肢もあります。

　また、定価別正味の引き下げも検討の余地があります。低価格の正味を引き下げるだけでも、取次や書店にとっては大きな恩恵となります。

　業界を代表する大手出版社は、自己の利益のみを求めてはいけない。つねに、業界全体の発展を求めて行動しなければいけない立場にあります。それが業界を代表する出版社のとるべき行動といえます。日本の〝活字文化を担うものの責任〟といってもいいでしょう。

出版業界全体のために

　正味の逆ザヤ現象で「鈴木書店」の経営が破綻した過去の出来事を無駄にしてはいけないのです。今、大手出版社が最優先すべきは、正味の引き下げを実行することです。

　なお、正味の引き下げに関しては、経済産業省発表の

第2章　出版社は、どうすればいいのか

業界別データによれば、売上高総利益は卸業で10パーセント、小売業で27.9パーセントなどの数字があります。これに従うならば、取次の正味は2パーセント、書店は6パーセント前後引き上げることが必要になります。つまり、出版社から取次に納品するときの正味は、現行よりも2パーセント引き下げる必要があるのです。

　当然ですが、出版社からは「とんでもない、そのようなことはできるわけがない」との発言が出てくるでしょう。なぜ、このような非現実的な話になってしまうのでしょうか。それは、こういうことなのです。

　この業界では、正味については昔から問題とされてきましたが、いっこうに解決しません。なぜなのか。それは、「本」の定価が安すぎるからなのです。欧米では、一般的に本の定価は日本の2倍程度ですから、日本でも現在の定価を単純に2倍にすることができれば、正味の問題は現在のままでも、業界3者の経営はそれなりに安定するのです。

67

8　日本の出版物は定価が問題

出版物の定価は安すぎる

　それでは、「本」の定価について考えてみたいと思います。

　戦後日本の消費者物価はどんどん上がりました。1950年を1とした場合、2016年の消費者物価は8.19倍との経済産業省のデータが存在します。それに比較して、出版物の定価はそれほど上がっていません。ここでは、新書で比較してみることにします。

　たとえば、いま手元にある岩波新書をくらべてみると、

岩波新書『日本国家の起源』1960年発売　定価300円
岩波新書『後醍醐天皇』2018年発売　定価840円

　岩波新書で見ると、58年間での値上がり率は、なんと2.8倍にしかなっていません。もちろん、個々の本によって定価は多少のばらつきはあるでしょうが、岩波新書の場合、全体のページ数や造本などはそれほど違っていませ

ん。それにしても、50年以上もたっているのに、2.8倍しか定価が上がっていないというのは、ほかの物価にくらべて異常に低いといえます。

これはなにも岩波新書にだけいえることではありません。他の出版社や、他の単行本（文芸書）についても同様のことがいえます。

物価の優等生の「本」は、自らの首をしめている

この例でもわかるように、現在の出版物の定価は、一般的な消費者物価指数に対して安すぎることがはっきりしています。

つまり、出版業界、とくに取次と書店の経営が苦しい原因の一つは、出版物の定価設定に大きな問題があったのです。ほかの業界なみに8.19倍にしろ、とまではいいませんが、せめて4倍から5倍程度まで値上げして、取次に3パーセント前後、書店に6パーセント前後のマージンアップを実現する必要があるのではないでしょうか。業界別の売上高利益率にすこしでも近づけるためには必要なことです。出版社の経営も大幅に改善するでしょう。

出版社の責任

出版社は、一般消費物価指数なみの定価設定を考慮す

る必要があるのではないか、と筆者は考えます。この出版物の定価問題は、マージン構造の問題よりも大きな問題なのです。定価の決定権を持つ出版社としての責任は、業界全体に及ぼす影響が想像以上に大きいのです。

　出版物全体の定価引き上げが困難な場合は、マージン率そのものを変える必要がありますが、他の消費者物価との比較で考えるならば、出版物の定価引き上げのほうが優先すべき課題ではないかと考えられます。マージン率の引き下げを考えるならば、その場合のマージンは取次10パーセント程度、書店30パーセント程度が必要で、ここまでできれば他の業界別のマージン率にほぼ並びます。定価の決定権を持つ出版社の責任は大きいといえます。

本の適正価格とは

　では「本」における適正価格とは、いったいどのようなものなのでしょうか。

　日本の多くの出版社では、これまで直接原価の3倍から4倍の定価をつけるのが一般的でした。直接原価とは、主に印刷・製本にかかる費用のことです。

　これは、世界的にみれば、かなり低い定価設定です。欧米では、多くの出版社は直接原価の6倍から7倍の定

価をつける場合が多いようです。日本では、〝出版物は物価の優等生〟といわれ、安いことがよいことだとの認識がされていました。

　しかし、最近では出版界の多くの方たちから〝「本」の定価を上げてほしい〟という声が聞かれるようになりました。これは、本が売れなくなり、書店や取次の経営が成り立たなくなってきたからです。「本」が売れなくなり、書店の経営は苦しいし、このままでは取次の経営も成り立たちません。
「本」の値上げをすることでこれらの問題の解決になるのか、それはわかりません。しかし、「本」の定価を上げることで、書店や取次の経営が現在より改善されることは確かなのです。

　もし、欧米の出版物の定価を適正価格とするならば、日本の出版物の定価は値上げの余地は十分にあるといえます。

岩波新書は 1,500 円でもいい !?

　出版物の定価について、具体的に岩波新書を例にあげて考えてみたいと思います。

　昭和 40 年代、筆者は銀行で働いていました。当時の給与は２万円前後であったと記憶しています。毎月 20 日

になると、書店で岩波新書を3冊買うことが習慣になっていました。読むか読まないかは関係なく、買うこと自体が習慣になっていたのです。

当時の岩波新書の定価はおおむね300円程度でしたが、高いとも安いとも思いませんでした。岩波新書くらいは読まなければいけない、という気持ちで買っていましたから、値段は関係なかったのです。給料が2万円のときの300円ですから1.5パーセントで、3冊買えば4.5パーセントになります。

現在の岩波新書の定価はおおむね800円台ですから、当時の定価から考えれば3倍にも達していません。いっぽう現在の給与水準は、学卒の初任給で20万円を超えています。なんと10倍以上です。給与は10倍以上で、「本」の定価は3倍程度です。これでは、「本」は安すぎると思っているのは筆者だけでしょうか。

出版業界の危機的状況の一つの原因に〝安すぎる本の定価〟があります。

業界の置かれている現状と、欧米の出版物の定価を考慮した場合、現在の岩波新書の定価は1,500円程度であっても不思議ではないのです。

第2章 出版社は、どうすればいいのか

正味引き下げの後になすべきこと

「出版物の値上げ」と「正味の引き下げ」は、業界の再生のために欠かせない大きな課題です。どちらも、出版社が行動を起こさないかぎり、この話は前進しません。とくに正味引き下げ（業界のマージン率の改定）は、出版社にとっては致命傷になりかねません。

正味の引き下げで、取次と書店の経営は大きく改善される可能性があります。しかし、正味の引き下げで失った出版社の利益はどのようにまかなえばいいのでしょうか。

当然ですが、他の物価にくらべて安すぎる本の定価アップで取り戻すことになるのですが、そのほかにはどのような対策があるでしょうか。

それは、企画力に磨けをかけてベストセラーを生み出すしかありません。企画力さえあれば、100万部売れる本も夢ではありません。実際、毎年ベストセラーが誕生しているのですから、できない話ではありません。最近ではマガジンハウスが素晴らしいベストセラーを誕生させではありませんか。

9　出版社の最大の武器は企画力

企画力に磨きをかけるために

「本」が売れないと嘆いていても、そこからは何も生まれません。本が売れない理由はいろいろありますが、ここでは多くを触れません。

ですが、出版社が原因であるものについては、触れないわけにはいきません。

出版社が原因で本が売れないといわれても、多くの出版関係者はピンとこないかもしれません。じつは、そのことが大きな問題なのです。

出版関係者は、無意識のうちに本が売れない原因をつくっているともいえます。とても残念なことです。私自身は出版社の中で仕事をするより、一歩外側で仕事をすることが多かったのですが、そうした経験が、出版社の内側にいる人たちよりも、すこし客観的にものを見ることができるかもしれません。その立場から、お話ししていきます。

第2章　出版社は、どうすればいいのか

企画力不足は、出版不況の最大の原因

　現代はモノがあふれています。モノ余りの時代といえます。とくに成熟しきってしまった出版業界では、各家庭に「本」はあふれているのです。

　そのような状況では、圧倒的に魅力のある商品しか売れません。それはあらゆる業界についていえることです。値段の高い安いは，それほどの問題ではありません。

　そのようななかでは、出版社はどのように「本」を作り、販売していけばよいのでしょうか。その答えは、企画力にすべてがかかってきます。

　そうです。企画力がすべてなのです。では、企画力とは、どのようなものなのでしょうか。

　企画力とは、基本的に経験によって身につくものではありません。少なくとも筆者は経験的（本能的）にそう感じています。

　ただし、もって生まれたものがすべてとも言い切れません。企画力にとって大切なものは、常日頃の生活習慣で、これがしなやかな発想を生むための下地となります。企画力に大切なものはじつは教育なのですが、それをここで言い出しても始まらないので、そのことには触れません。ここでは、〝売れる本の条件〟について、3点だけ取り上げておきます。

75

＜売れる本の条件＞
- 圧倒的におもしろい
- 圧倒的に役に立つ
- 圧倒的に感動できる

「3つのT」ともいいます。テーマ、タイミング、タイトルが重要ということです。

　出版において売れる本の条件とは、要はこの3点につきるのであって、取り立ててむずかしく考える必要はありません。しかし、多くの編集者はこれができなくて、日夜悩んでいます。

　どうして、こんな簡単なことに悩むのでしょうか。それは、企画がマンネリ化してしまい、新しい発想が生まれてこないからです。マンネリ化の壁を打ち破る解決策は2つあります。

企画はマンネリ化する

　長いあいだ同じことをしていると、思考が型にはまってしまい、新しい発想が生まれにくくなります。雑誌の編集者などの話によると、毎年同じ時期に同じような企画で紙面構成を繰り返す場合が多く、仕事に熱がはいり

にくいといいます。

　そうなると、その気持ちが読者に伝わり、徐々に販売部数が落ちてくる。そのときの解決策としては、〝人を代える〟ことで部数の挽回を目指すことになります。

　これと同様のことが、書籍の世界でも起こります。書籍は１点１点がすべて新製品ですから、マンネリ化は起こりにくいと考えられますが、新しいジャンルに挑戦するにはかなりのパワーが必要で、結果としてこれまでと似たような企画に落ち着いてしまいがちです。このような理由で、書籍についても、斬新な企画は生まれにくいのです。新たな視点で発想の転換をするには、勇気と努力が必要だからです。

マンネリ化の壁を打ち破る方法はあるか

　人は誰でも、毎日同じことばかりしていたのではマンネリ化して、斬新な発想は生まれてきません。出版社にとって、このようなパターンはよくあることです。マンネリ化を防ぐには、積極的な人事異動しかありません。若い人、中堅、ベテランなどのバランスもたいせつです。

　とくに若い人のしなやかな感性を企画や編集に取り込むことがたいせつです。新たな事業部を立ち上げて若い人たちの感性で新企画に取り組めば、可能性が開けてく

るはずです。マガジンハウスはこれで成功したよい例です。

　新たな部署を立ち上げてすべて成功するとはかぎりませんが、まずはここからスタートするしかありません。たいせつなのは、一歩を踏み出すことです。立候補制でメンバーを募れば、かならず数名は集まるはずです。

　同じ人がいつまでも企画を担当している場合、まったく別の角度から企画を練り直すことはむずかしい。どうしても自分の経験の範囲で物事を考えてしまい、新鮮な発想は生まれにくいのです。

　ここでのたいせつなポイントは、〝圧倒的〟な出版物を企画することですから、従来の常識や先入観にはとらわれないということが最大の条件となります。そこそこの「本」はすでに存在しています。その程度ではだめなのです。

　もっとも効果的な方法は人を代えることです。これまでだれもやらなかったことに取り組むことです。少なくても２、３年は彼らに好きなことをしてもらうという覚悟でまかせるしかありません。

　会社にも忍耐が求められます。そんなに待たなくても効果が出る秘策もありますが、基本的にはまかせて待つ忍耐が必要になります。

第2章　出版社は、どうすればいいのか

COLUMN

マガジンハウスの底力

　マガジンハウスの『君たちはどう生きるか』（新装版・コミック版）の販売は 200 万部を越えました。

　マガジンハウスは、誰もが知る雑誌系出版社です。旧社名の平凡出版の時代から、雑誌の出版一筋に歩んできた歴史がありますが、ここ数年の出版不況の波をモロに受けて、経営は厳しい状況にありました。

　じつはマガジンハウスから書籍の分野でベストセラーが生まれたのは偶然ではありません。同社は 2015 年から書籍の企画・販促・営業チームである「ベストセラー会議」を立ち上げて、書籍分野で活路を開くために彼らに未来を託したのです。それから 2 年の歳月が流れ、彼らの努力は花開きます。会社もよく我慢しました。

　この本のジャンルは「哲学」です。

　いま、多くの人はスマホに夢中です。電車に乗っても、99 パーセントの人はスマホの画面に夢中です。「本」を読んでいる人はめったにいませんね。スマホはとりあえず手もとにあって便利だから、多くの人がスマホの画面に見入っているのですが、でも心の奥深い部分では〝自分はこれからどう生きていけばよいのか〟と悩んでいる若者が多いのです。

　生きにくい時代は哲学書が売れる、これは一つの法則です。哲学はよりよく生きるための学問だからです。そういえば「嫌われる勇気」も哲学の本ですね。

10　出版業界に必要な新陳代謝

業界としてマンネリ化を防ぐには

　いま世界のあちこちで新陳代謝が急速に進んでいます。新陳代謝の盛んなスポーツの世界では新たな記録がどんどん誕生しています。それを実現しているのは、みな10代から20代前半の若い世代です。

　将棋や囲碁の世界でも、10代の若い世代がすい星のように現れて大活躍、業界の活性化が急速に進んでいます。

　ビジネスの世界でも、低迷している業界もあれば、急成長している業界もあります。成長している業界に共通しているのは、〝新陳代謝が活発〟だということです。

　20年間業績の低迷している出版業界の最大の理由は、じつは新陳代謝がほとんど進んでいないことにあります。具体的には、新規参入してくる出版社がほとんどないことが、新陳代謝の進まない最大の原因なのです。

　どうしてでしょうか。

　それは取次の姿勢にあります。本を作っても流通できなければ意味がありません。流通させるためには、取次

第2章　出版社は、どうすればいいのか

の口座開設が必要です。じつは、これが1章でもふれたように最大の難関で、取次は簡単に口座を開いてはくれません。

基本的に取次はこれ以上取引き口座を増やしたくないと考えている風潮があります。取引口座は1,000社もあればいい、との取次関係者の発言もあります。上位1,000社で売り上げの90パーセント以上を占めている事実からすれば、そのような発言があっても、たしかにおかしくはありません。しかし、そのような発想では、業界の将来性は約束されないでしょう。

企画がマンネリ化している現在の出版社だけでは、業界の将来性は望めません。取次は積極的に口座開設を行ない、新規参入を歓迎しなければいけないのです。

取次は、つねに将来性のある出版社を発掘する努力が必要になります。そのために必要なことが、積極的な口座開設なのです。

業界の新陳代謝こそが、マンネリ化を防ぐために必要なのです。

企画力に磨きをかけるために

ここで、しつこいようですが、再び企画力の話に戻りたいと思います。

81

企画力は生まれつきのものだが、企画力を養い強化することはできるともお話ししました。この企画力を養うのに大切なのが、日ごろの生活習慣ということになります。

　多くの人は物事を簡単に理解したつもりになってしまう生活態度が身についてしまっていて、とことん突き詰めて考える習慣が身についていないような印象を受けます。世の中の仕組みやあり方について徹底的に突き詰めて考えたときに、これではいけないと思うことがたくさん出てくるはずで、これが企画に結びつくヒントになる場合が、じつは多いと考えられます。これではいけないと考えたら、それをそのままにしないことがたいせつです。

　つまり、世の中を批判的に見ることが企画力を養い、強化することに役立つのです。些細なことでも見逃さない感性が企画には必要です。

　テーマ、タイトル、タイミングがたいせつだといいますが、本来はテーマは何でもいいのです。どのようなテーマでも「本」になります。どのようなテーマでも、持ち前の創造力と編集力で優れた作品に仕上げるのが出版人の本来の努めなのです。それが企画力ともいえます。

第2章　出版社は、どうすればいいのか

些細なことでも見逃さないしなやかな感性

　世の中は不平等で理不尽です。それは、多くの人が日ごろ感じていることですが、多くの人は〝世の中はそんなもんだ〟で終わってしまいます。

　しかし、出版の企画を考える人たちはそれではいけないのです。

　なぜか。そこに企画のヒントが隠されているからです。不平等で理不尽な世の中を変えていくにはどうすればよいのか――この問題を突き詰めていったところに企画力が生まれます。

　『君たちはどう生きるか』も、そこから生まれました。小説『月と蟹』も、そこから生まれた作品です。

　多くの人と交流を深め、そこから情報を得る努力も企画者にとってはたいせつです。ささやかな日常の会話の中にも、多くのヒントが隠されているからです。世紀の大ベストセラー「ハリー・ポッター」シリーズもここから生まれました。豊富な情報源を持つことは、企画者にとってはだいじなことです。

　出版社にとって、企画力の強化はいまや必須条件なのです。

83

11　活字文化の担い手たれ

良質な本を読者に届ける

　出版社にとって、最大、最優先の課題は、何度もいうように、企画力の強化に尽きます。取引条件の改定交渉や自社にとって有利なビジネス環境の構築に動きまわっている場合ではないのです。立派な本社ビルを建てても、企画力に磨きがかかるわけではないし、「本」が売れなければ、その経営は危うい。

　出版社は活字文化の担い手として、良質な出版物を読者に届けることに最善を尽くすべきなのです。それ以外のことは、出版社にとってそれほど重要なことではないのです。

　良質な「本」を読者に届ける。そのために企画力の強化が緊急の課題なのです。もしこれが実現できれば、業界の再生も夢ではありません。20年続いた出版不況を解決するには、これしかないのです。

第2章　出版社は、どうすればいいのか

出版人の危機意識は意外に低い？

　2017年のある日、角川書店が本社を所沢に移す、と発表しました。この発表の後日談として、多くの社員から〝所沢には行きたくない〟との苦情が続出した、と一部のマスコミが報じていました。

　この話を聞いて感じたことは、たしかに著者や書店が集まっている都心から離れたところでは、出版社の仕事はしにくいのでしょうが、不満の声をあげた多くの社員には、出版不況は他社の話で、自分には関係ない、としか感じていないのか、ということです。

　つまり、経営者にくらべて社員の危機意識が低いのではないか、ということです。

　角川書店に限らず、このようなケースは今後、多く出てくることが予想されます。自分の勤務する出版社でこのような話が出たら自分はどうするのか、心の準備をしておく必要がありそうです。

　会社をやめて独立を考える道もあります。

　どちらの道を選択するのか。それは人それぞれ自由です。大切なのは、「この出版不況のなかで、本当に自分は出版の仕事がしたいのか」ということではないでしょうか。

85

出版社の経営に求められるバランス感覚

「本」にはそれぞれ役割があります。わかりやすくいえば、専門書と実用書、雑誌と文庫本などでその役割が異なる、といえば理解しやすいと思います。

専門書は私たちの日常生活ではあまり必要とされませんが、一部の人たちにとっては、日常の業務に支障をきたすほど必要とされる出版物といえます。

また文庫本は、内容的にいつまでも時代を越えて残していきたい出版物であると当時に、多くの人に読んでほしい作品、ということも想定されます。

一般的に活字文化とベストセラーはかならずしも一致するとはかぎりませんが、本章ではそれらをすべて活字文化として話を進めていきたいと思います。

つまり、活字文化に、本来はベストセラーも専門書も関係ない。売れる・売れないは関係ないことなのですが、経営的にはどちらも必要なものなのです。

出版社が活字文化を守るためには経営を維持していく必要があります。そのためには、少部数配本の出版物だけでは不可能なので、ある程度はロングセラーやベストセラーが必要となります。

ただ、ベストセラーはねらって生まれるものではなく、自らの信念に従って、たゆまず努力する過程で偶然生ま

第2章　出版社は、どうすればいいのか

れる場合が多い、ということも事実です。このあたりに
ついては、『書籍出版経営の夢と冒険』『小出版社の夢と
冒険』（どちらも出版メディアパル発行）に詳しい。

大切な出版の多様性

　大手出版社の多くは、制作費用のかかる専門書や学術
書を企画・制作しながら、同時に週刊誌やコミック、文
庫本などの出版活動を平行して進めています。そうしな
ければ、経営を維持できないからです。

　〝「本」で食べていくつもりなら、売れないものを追いか
けても無理だ〟との発言もあります。出版社の経営者は
みな、そこで悩んでいます。

　一方で、出版本来の出版活動のみが、「本」を求めて
やまない読者の信頼をつなぎとめる、との信念で出版活
動をしている小出版社の経営者もいます。

　大手出版社も中小出版社も、すべて活字文化の担い手
です。この意味では、大手出版社とは好条件（出版社に
とって）で取り引きをし、小出版社には劣悪な取引条件
を押しつける取次の態度は、いますぐにも改めなければ、
日本の活字文化は危ういものとなり、危険にさらされる
かもしれません。つまり、大手だけでは活字文化は維持
できないからです。大手はジャンルに関係なく、相当部

87

数販売しなければ採算がとれず、想定される読者数が限定される企画は実現しにくいという現実があるからです。

大手だけが出版社ではない

　本当に必要な「本」でも、大手では企画として取り上げにくいものも多くあります。しかし、そのような企画も中小出版社であれば実現が可能になります。

　出版の多様性はそこから始まります。

　取次が小出版社に過酷な取引条件を課すという行為は、出版の多様性を否定するもので、活字文化を担うものとしては間違ってもしてはいけない行為だともいえます。

　取次は活字文化の担い手であるという自らの立場をもっと自覚する必要があります。そうでなくては困るのです。活字文化を担うという意味においては、大も小も関係ありません。すべての出版社が活字文化を担っているのです。

第2章　出版社は、どうすればいいのか

12　出版不況を乗り越えるために

たくさん「本」を売るとは

　大手出版社は大量に売らないと採算がとれないが、小出版社はそれほど売らなくても採算はとれる——たしかにそうです。

　では、多く売るとは何が基準なのでしょうか。

　「本」によって、ジャンルによって、対象となる読者数は異なります。少数の読者しか存在しない分野では、500部程度しか期待できない「本」もあります。その分野では、500部売れれば上出来なのです。500部の販売で採算のとれる定価をつければよいのですから、本来は大手でも中小でも企画の実現は可能なのですが、少部数出版は大手出版社は苦手です。

　少部数出版は、出版の多様性を実現するという意味において、十分価値のある出版活動です。たくさん売る必要はないのです。

　出版活動において、経済的合理性はかならずしも必要ではない場合も時にはあるのです。あるジャンルにとっ

89

て、その「本」が存在することが重要なのです。ある人たちにとって、その「本」が存在することが重要なのです。

　幸い、日本の出版界にはそのような崇高な志をもって出版活動をしている出版社が、数多く存在します。この点については、『小出版社の夢と冒険』（出版メディアパル発行）に詳しい。

買い切りでも、売れるものは売れる

　出版不況の一翼をになう返品問題ですが、この返品問題を避けるために「買い切り」というシステムがあります。しかし、多くの出版社では、買い切りに二の足を踏んでいるようです。買い切りだと、書店がとらなくなるという不安があるからです。しかし、現実にはどうでしょうか。

　2018年1月12日に『広辞苑第七版』が発売されました。十年ぶりの改定ということもあり、販売は好調のようです。書店の店頭では、品切れ状態の書店も出たりしました。

　ご存じのように、『広辞苑』の発行元は岩波書店です。岩波書店といえば、買い切りで返品はできません。そのため、低価格の文庫でさえ岩波書店のものは置かないと言っている書店でも、『広辞苑第七版』は一等地の平台に置かれていました。

　定価の高い買い切りの辞典なのに、なぜこんな現象が

第2章　出版社は、どうすればいいのか

起こるのか。それは、多くの人にとって、『広辞苑』はなくてはならないものだからです。

　本当に必要なものは、多少高定価でも、専門書でも、買い切りでも（読者には関係ない）売れるということなのです。

　こうした現象を、他の出版社はどう受け止めたのでしょうか。

ベストセラーの探し方

　また、企画力という面では、それを補うための選択肢もあります。

　それは、外国のベストセラー、あるいは日本で過去に出版された名作をリバイバル出版することです。

　かつては、角川書店がこの方法でベストセラーを量産した例があります。最近では、光文社が世界的な名著を新たな訳で次々と出版したり、静山社が「ハリー・ポッター」シリーズで戦後最大のベストセラーをものにしたことも、記憶に新しいところです。

　外国も日本も、ベストセラーの条件に変わりはないのですから、この手法は有効でしょう。

91

13　出版の原点に立ち返る

企画力とは別の本づくり

　活字文化を担うためには経営を維持できなければならず、経営を維持するためには、ある程度の部数は販売しなくてはなりません。つまり、信念に基づく本づくりと企画力のバランスの問題になってくるのです。

　大も小も関係なく、すべての出版社が企画力に磨きをかけることが絶対必要条件で、企画力を強化することに全力を投入する必要があるのですが、企画力とはもって生まれた本人の能力と考えた場合、じつは強化のしようがありません。

　しかし、これまでにも述べてきたように、企画力をカバーする方法はあるのですから。これからの進む道を考えていただきたいと思います。

　また、出版企画を具体化する基本的な発想法は、多くの人が今どのようなことに関心を持っているのか、それを考えることから始まります。そこから、どのようなことで悩んでいるのか、何を求めているのか、と対象を広

第2章　出版社は、どうすればいいのか

げていきます。一般的には、お金、健康、感動、生きる
目的、自分はどのように生きればよいのか、と発展して
いくでしょう。

　しかし、これらはあくまでも一般論であって、絶対的
なものではありません。

　人は生きていくために、誰もが多くの悩みを抱えてい
ます。こんなことで悩むのは、自分だけではないか。そ
う考える人が少なくないのですが、じつは多くの人に共
通している悩みであることも多いのです。

　企画力を駆使して「本」作りをしていく場合、まだ「本」
になっていないテーマを考えてみることも挑戦に値しま
す。「本」になっていないテーマとはいろいろなとらえ方
があります。「本」にしても売れない、と考えて誰も手を
出さない場合も考えられます。しかし、「本」はどのよう
な売れ方をするのか、出してみないとわからない、とい
うこともあります。「誰もやらないなら、うちでやろう」
という勇気も時には必要です。
「本が売れない」時代にはいって、すでに久しいものが
あります。しかし、厳しい状況にかかわらず黙々と、信
念に基づく本づくりに邁進する出版社も多いのです。そ
のような出版社の存在こそが、日本の活字文化を支えて
いるのです。

93

このような出版のあり方は、企画力とは別の世界ともいえますが、「出版の多様性」を維持するためにはたいせつなことです。

積極的な販売を

「本」は出してみないとわからない、とよく言われますが、この言葉の意味がほんとうに理解できている出版社・書店は少ないでしょう。再販制度によって定価販売が義務づけられている書店の差別化は、バーゲンなどの価格面ではなかなか差別化をはかることはできません。売れる本をどれだけ確保できるかで、それが他の書店との差別化につながる一面をもっています。

出してみないとわからないけれど、売れる可能性があると感じたら、積極的に販売する側に立つことが、厳しい競争に勝ち抜く秘訣でもあります。ここでしり込みをしているようでは、その出版社・書店の将来性はおぼつかないでしょう。

「本」の販売が落ち込んでいる状況だからこそ、積極的な行動が望まれるのではないでしょうか。

ここで、「買い切り品は販売しません」などと言っているようではだめなのです。売れるのか売れないのかを判断する〝選書能力〟を身につけることこそが、これから

第2章　出版社は、どうすればいいのか

の書店にとってたいせつなことで、出版社はこの問題を
的確にサポートすることができないと、「買い切り品は販
売しません」という書店の姿勢の前に販売のチャンスを
失うことになります。

出版の原点に立ち返る

　雑誌も書籍ももともとは買い切りからスタートしてい
ます。委託販売が始まったのは、そのあとのことなのです。
　なぜ、委託販売に移行したのか。それは初期には出版
物が少なく、活字に飢えていた日本人に多くの出版物を
届けるには、委託販売が効率的で、有効に機能したから
です。日本人の所得増と人口増加が委託販売を後押しし
たからです。
　しかし、1997年にバブルがはじけ、その古きよき時代
は終わりを告げました。1997年までの出版界の好調も、
じつはかなりバブルだったのです。
　ここで反省しなければならないのは、ここ20年間も売
り上げが低迷しているのは、世界でも日本だけだという
事実です。アメリカでは多少この傾向はありますが、ヨー
ロッパには日本のようなことはまったくありませんでし
た。
　原点に戻るということは、雑誌も書籍も注文扱いに戻

95

すということです。

　なぜ日本だけが、長期の売り上げ低迷に苦しんでいるのか。日本の出版業界と欧米の出版業界はどこが違うのか。

　それは、大きく二つあります。日本の出版システムに詳しい方なら、もうおわかりですね。

　それは、委託販売と再販制度の二つです。それ以外はそれほど大きな違いはありません。

　委託販売制度が存在しない欧米の出版界では、大きな飛躍もありませんが、落ち込むこともなく、現在でも成長しています。

　日本の場合は、委託販売の導入により、急成長しました。これは、明治から大正、昭和の初期に出版物が不足していた時期があったことを背景に、日本の出版界は大きく成長できたのです。あるいは、戦後の経済成長に助けられて、日本国民の可処分所得が急速に増えたという、いうならば日本の出版が成長できたのは、経済成長の賜物であったわけです。このようにして、実態以上に大きく成長しすぎたことが、現在の出版不況の一因ともいえます。

　20年間もの長きにわたり低迷状態から抜け出せないのは、委託販売制度によって過剰に肥大してしまった分の

第2章　出版社は、どうすればいいのか

ツケが回ってきているためなのです。

　つまり、時代に合わなくなった日本の出版業界特有の委託販売システムと、ネット社会の進行、さらには出版社の企画力不足、これら3つが大きな理由だと考えられるのです。

14　委託制度には、もう頼らない

企画力と同じレベルで大切なプロモーション活動

　企画力と同時に大切なことは、営業力です。営業力とは、大きく、マスコミなどに対するプロモーション活動と書店に対する営業活動に分けられます。

　一般的に多くの人（読者）は、どの出版社から、どのような新刊が出版されているのか、十分わかっていません。それはそうです、年間８万点も出る新刊を知る機会はほとんどありません。かろうじて書店である程度の新刊にめぐりあうことはできますが、それでもほんの一部にすぎません。まして、書店に足を運ぶことのない潜在的読者が多くなっている現状と、配本される部数が極端に少なくなっていて、すべての書店に行き渡らないという現状では、配本するだけでは「本」は売れないのです。

　そこで出版社としては、マスコミに対するプロモーション活動が必要になるのですが、それを行っている出版社は、けっして多くはありません。

　新聞に対する書評依頼などは、「本」の内容を読者に知ってもらうためには欠かせない営業活動といえます。

第2章　出版社は、どうすればいいのか

新聞社には多くの「本」が送られてくるので、出版社が「本」を送るだけでは不十分です。持参するのが、もっとも優れた方法です。食事をともにしながら、あるいはコーヒーでものみながら、目的の本の話ができれば、書評に取り上げてもらえるチャンスが高まります。

　そのためには、人脈が大切になります。日ごろから多くの機会を見つけて人脈を広げる努力を怠らないことが必要です。

　新聞の書評欄はいわゆる読書家のためにあるような紙面ですから、ここに掲載されることは、大きなチャンスになります。

村上春樹は、なぜアメリカで人気があるのか

「本」を売るための販売プロモーションについては、アメリカなどでは日本よりははるかに進んでいます。そのことを知っていただくために、村上春樹さんの例をあげてみましょう。

　日本の作家で海外でもっとも多く読まれている作家といえば、村上春樹さんですね。とくに、アメリカでの人気は、私たちの像像以上にたいへんなものがありますし、毎年のようにノーベル賞候補にあげられていることもご存じのとおりです。

しかし、村上さんも最初から海外で人気があったわけ
ではありません。日本ではすでに人気作家の地位を得て
いましたが、アメリカでの知名度はまだまだ低かったの
です。

　村上さんが海外で人気を得るようになったきっかけは、
『羊をめぐる冒険』をアメリカで発売するにあたって、講
談社や多くのアメリカの編集者などのプロモーション活
動がありました。とくに「ニューヨークタイムス」や「ワ
シントンポスト」での書評欄で高く評価されたことで、
アメリカではほぼ無名に近い存在だったにもかかわらず、
１万部以上がアメリカの市場での販売につながったとい
われています。１万部の販売部数以上に大切なことは、
このことが村上春樹さんの作品が英語圏に進出する大き
な一歩になったことです。

　もちろん、作品自体に、それまでの日本文学にはない
大きな魅力があったことは言うまでもありません。

営業力の強化で企画力不足をカバーする

　企画力は、「企画者にセンスがあるかないか」それが
大きくものをいいますが、企画力とはそう簡単には身に
つきません。それをカバーする方法があることはすでに
述べました。

第2章　出版社は、どうすればいいのか

　欧米では、委託販売制度が存在しませんから、企画力と営業力は表裏一体で切り離して考えることは不可能といえます。日本では、新刊委託販売制度という〝日本独自の販売システム〟が存在したため、企画力も営業力も欧米ほど身につきませんでした。その魔法が使えなくなってしまった今、出版社は自力で「本」を売ることしか残された道はありません。残されているのは、営業力の強化です。営業力が強化できれば、企画力の不足はある程度カバーできます。

　営業力の強化については、『出版営業ハンドブック基礎編・実践編』（出版メディアパル発行）で記しましたが、そこで触れることができなかった大事な点について触れたいと思います。

101

15　販売戦略を考える

当社では、書店営業はしておりません

　出版社の皆さんと話す機会がありますが、多くの皆さんがよく口にする言葉があります。

　一つは、「取次さんの配本部数が少ない」。もう一つが、「うちは書店営業をしていない」。

　これでは、業績が伸びるわけがありません。売れるか売れないかは、とにかく人まかせ。自助努力をする気はあるのでしょうか。これでは業績が伸びるわけがありません。

　どうして書店営業をしないのでしょうか。筆者にはまったく理解できません。

　これは筆者の推測ですが、書店営業に回す資金を工面できないので、やむをえずそうせざるをえない、というところなのだろうと理解しています。しかし、それほど資金を投入しなくても、効果的な書店営業はできるのです。

　ここからは、営業担当者が一人でも回れる首都圏40店

舗を紹介して、営業力の強化につなげてもらいたいと思うのです。

書店訪問と販促戦略

　減ってきたとはいえ、書店の数はまだ多くあります。漠然と考えていたのでは、効率のよい書店営業は不可能です。

　まず、訪問しなければいけない書店、訪問しなくてよい書店を見極める必要があります。それは、大きな書店かどうかではありません。

　ポイントは、大型書店であるのかどうかということではなくて、頼りになる書店かどうかなのです。ジャンルによって強い書店とそうでない書店は変わりますので、本書で紹介する書店がすべてとはいえません。

　しかし頼りになる書店かどうかという視点で判断するならば、おおむね妥当と思われます。そういう視点からあげたのが、次のページの表です。

　なお首都圏とは大半が東京ですが、一部に神奈川・千葉・埼玉もはいります。

首都圏主要 40 店舗

紀伊國屋書店	15 店舗
ジュンク堂丸善	14 店舗
三省堂書店	3 店舗
書泉	2 店舗
東京堂書店	1 店舗
八重洲ブックセンター	1 店舗
オリオン書房	1 店舗
有隣堂書店	2 店舗
須原屋	1 店舗

　以上が日本を代表する「頼りになる書店」40 店舗といえますが、個々の出版社で営業する場合は、ジャンルを考慮する必要があります。

　これらの書店に対する営業がしっかり実行できれば、全国の売り上げシェアの 50 パーセント程度は確保できる可能性があります。なお、書店名をいれていないのは、扱うジャンルで対象店が変わるためです。また、訪問するときの参考のために最寄り駅を案内すると、

　・東京駅　・秋葉原　　・お茶の水　・神保町
　・新宿　　・渋谷　　　・池袋　　　・吉祥寺　・立川
　・柏　・おおたかの森　・千葉　　　・船橋
　・南船橋　・大宮　　　・浦和　　　・川口　　・横浜

などです。

優先順位は、当然ですが、都内が最優先となります。次が、横浜・千葉・埼玉となるでしょう。これで、全国シェアの50パーセントは確保できる可能性があります。

1日4店舗（4訪問）で、10日訪問できれば、40店舗営業が可能です。人がいないとか、経費が確保できないとかいうまえに、まずできるところから実行することが大切なのです。

出版物の営業は、売り込みではありません。「本」の存在を知ってもらうための営業なのですから、世間で一般的にいわれている〝営業力〟は必要ないのです。「本」と読者をつなぐために書店という場を貸していただく、という感覚でよいのです。

書店も「本」に関する情報を求めているのですから、お互いのために必要な、活字文化の担い手としてのこの〝情報提供〟は欠かせないのです。

売れない時代だからこその営業力

出版社に営業力を求めるのは、出版社に企画力が不足している場合の話だけではありません。

本来、企画力と営業力は、どちらが欠けてもいけないのです。とくに「本」の売れない時代はそうです。

出版社は企画会社なのですから、企画を編集プロダクションにまかせるなどは、あってはならないことです。そのような行為は、自社の将来を他人にまかせることになるからです。とどのつまり、出版社は企画がすべてです。

アメリカの出版営業

　参考までに、アメリカの出版業界では「本」をどのように販売しているのか、ここではごく簡単に紹介してみます。これからの出版社のあり方を考えるうえで参考になるかと思います。

　アメリカの出版業界の特徴は２つ。一つはアメリカには新刊委託販売制度はないということ。もう一つはアメリカには再販制度はない、ということです。

　まず新刊の場合ですが、アメリカには日本のような新刊委託販売制度はなく、一般的に多くの出版社が、受注生産型の出版構造です。

　ですから、どれだけ売れるのかはっきりしないのに制作、あるいは配本してしまうようなことはしません。

　ディストリビューターといわれる販売のプロが企画書や見本誌を、図書館や書店、ブッククラブなどの購入団体に持参して、受注をとりまとめます。企画書や見本誌は、一年程度先の商品も、営業の対象になります。

106

第2章　出版社は、どうすればいいのか

このような体制で集めた受注数が制作部数の目安になり、制作部数が決定されるのです。

書店などからの注文数に応じて、正味は変わります。たとえば、1部だけのの注文は7掛け、10部は6.5掛け、50部は5掛けなどです。仕入れが有利になるので、多めの部数を注文するケースもあります。多めに注文しすぎて売れ残った商品は、バーゲンセールで売りさばきます。

再販制度の存在しないアメリカでは安く大量に仕入れて、大々的な仕掛け販売もできるし、万一売れ残りが発生した場合には、50パーセントオフのバーゲンセールも可能です。

日本に比較してて人口あたりの書店数がはるかに少なく、委託配本も存在しないアメリカでは、出版社の営業活動は私たちの想像以上に重要な意味をもちます。

これが合理的で、ダイナミックなアメリカの出版業界なのです。日本の出版業界もこのようなアメリカの出版システムを参考にして、受注生産型のシステムに切り換えていく必要があるでしょう。

107

出版業界用語の豆知識2

再販制度（さいはんせいど）
　正式には「再販売価格維持制度」という。出版社が定価を決定し、その定価で再販契約を結ぶことで取次、書店に定価を守らせる定価販売制度をいう。独占禁止法の適用外とされている。出版社と取次、取次と書店間でそれぞれ再販契約が結ばれている。再販制度下の日本では、どこの書店でも、どこにいても、同じ本は同じ値段で購入できる。

時限再販（じげんさいはん）
　出版社の独自判断で、自社の出版物を発行から一定期間が過ぎた時点で、非再販本として価格拘束をはずすことができるようにすることをいう。

即請求（そくせいきゅう）
　注文品の場合、通常、出版社は当月中に取次に対して売り上げ代金の請求ができる。これを即請求という。取次から書店に対して請求をする場合も同様。

業界四団体（ぎょうかいよんだんたい）
　日本書籍出版協会（書協）、日本雑誌協会（雑協）、日本取次出版協会（取協）、日本書店商業連合組合（日書連）の4団体をさす。

第三章

書店は、どうすればいいのか
――書店はもっと勇気を

16　書店をめぐる厳しい環境

減るいっぽうの書店

　今後10年で日本の書店数は5000店くらいまで減少する可能性が高くなってきました。現在の出版業界の縮小傾向を注意深く観察していると、書店数もまだまだ減少をせざるをえないことがほぼ確実だからです。

　現在日本の書店数は、およそ12,526書店前後といわれています。なお、図書券の読み取り機を設置している書店数は約8,800店との情報もありますので、実態はすでに1万店を割り込んでいる可能性もあります。

　ここ10年間は毎年ほぼ1,000店舗近くの書店数が減少していますから、過去の減少数を観察しているかぎり、今後10年間でさらに10,000書店近くの減少はほぼ確実と考えざるをえないのです。

　次ページの表の数字をご覧ください。この資料は書店数と人口との関係を表したものです。その国の人口を書店数で割ったもので、1書店当たりの人口を比較したものです。

第3章　書店は、どうすればいいのか

　当然ですが、1書店（店舗）当たりの人口数が多いほ
ど書店の経営は楽になると考えられます。もちろん、現
実には書店間の競争がありますから、すべての書店の経
営実態が人口に比例しているわけではありません。
　この資料ではっきりわかるのは、日本だけが1書店当
たりの人口が極端に少ない、言い換えれば、人口当たり
の書店数が多いということです。
　これは、日本だけにある「新刊委託配本」という独特
のシステムがあるからです。この委託配本のおかげで、
日本では「本」に詳しくない人でも簡単に書店を開業で
きます、売れ残りは返品が可能なので、書店経営は欧米
の書店にくらべてきわめて楽、したがって自然と書店数
が欧米にくらべて多くなった、という事情があります。

各国の書店数

	書店数	1店舗当たりの人口
イギリス	4,000 店	14,925 人
ドイツ	3,716 店	22,335 人
フランス	2,500 店	26,532 人
アメリカ	10,898 店	27,363 人
日本	12,526 店	7,299 人

どんな書店が生き残れるのか

　ここで考えていただきたいのは、日本の書店数も、今後はイギリスやドイツの書店数くらいまでは減少する可能性を否定できないということです。そして、それまでに要する期間があと10年程度ではないかということなのです。

　今後10年で1万もの書店が減少する。消滅する書店と生き残る書店のちがいは、どこにあるのでしょうか。本章ではその点に焦点を当てて、これから書店はどのように変わっていく必要があるのかを考えていきたいと思います。

書店は、なぜ衰退したのか

　少子高齢化やネット社会の進行などで、「本」が売れなくなり始めた20年ほどまえから、「本」は本格的に〝売れない〟時代に突入しました。アルメディアという会社の調査によると、2017年の全国の書店数は12,526店で、1999年に22,296店あった書店が、17年間で43パーセントも減少しています。

　地方では、今420の市町村で書店が存在しないという大きな問題が発生しており、この傾向はさらに拡大することになるだろうと予想されています。その原因は、本

書でもすでに何度か述べています。

「本」の売れない社会の到来と、地方書店の消滅などなど、多くの問題を抱えて苦悩する出版業界ですが、その原因をここであらためてくどくど言っても始まらないかもしれませんが、本章では4点だけクローズアップし、それぞれの問題点に関する解決策について考えていきたいと思います。

　・低い書店のマージン率
　・委託販売の限界
　・相変わらず新刊配本に頼る書店の態度
　・大型書店の仁義なき地方出店

　以上が本章で取り上げる書店業界の構造的問題点といえます。これからの書店は、これらの構造的問題を乗り越えた書店だけに生き残れる可能性が生まれると思うのです。

　他にも書店業界を取り巻く問題点はいくつもありますが、それらについては別の機会に取り上げたいと思います。

低すぎる書店のマージン率

　書店のマージン率は低い。それでも、大量生産・大量販売のビジネスモデルが成立していた時代は、書店の経

営はかろうじて成り立っていました。

「マージン率」という表現は、他の業界ではあまり使われていないように感じますが、出版業界では普通に使われています。

マージン率とは、出版社が決めた「本」の定価に対して、出版社から仕入れる取次の仕入れ価格は、定価の67パーセントから70パーセント程度の割合。そして70パーセントで仕入れた商品に8パーセントの取次マージンを乗せた78パーセントの割合で書店に卸すことになります。

この場合、出版社のマージン率は70パーセント、取次のマージン率は8パーセント、書店のマージン率は22パーセントとなります。

日本では、再販制度により出版物は定価で販売することが義務づけられていますから、基本的にこのマージン率はそう簡単には変えられません。

アメリカなどでは、仕入れ部数に応じて、この書店のマージン率は変化し、最大50パーセント程度まであげることも可能です。

書店のマージン率が低いのは、誰の責任か

もし、書店のマージン率がもっと高ければ、すでに消滅した書店の何割かは救えた可能性があります。

114

第3章　書店は、どうすればいいのか

　書店のマージン率は、他の小売業にくらべて極端に低いといえます。全小売店の平均的な粗利は 27 パーセントというデータがありますが、書店の場合、20 パーセント程度の粗利では、かなりの量を販売しないと経営が成り立たないのは明白です。かりに書店の粗利が 40 パーセントあったら、廃業した書店の多くは、間違いなく救えた可能性があるのです。

　他の小売業では 40 パーセント程度の粗利を確保できている業界もあるわけですから、書店の粗利が 40 パーセントあったとしても、特別高いわけではありません。取次も出版社もこのことをよく考えてみる必要があると、筆者は強く感じています。

　では、書店のマージン率はなぜ低いのか。それは、はっきりいえば、一部の出版社の責任といえます。

　出版社も取次も、書店なくしては経営が成り立たないのですから、今こそ書店を救うための具体的な対策を真剣に考える必要があるのではないでしょうか。書店の経営が破綻して困るのは、取次も出版社も同じなのですから。

　マージン率（粗利）が低く、利益が十分に確保できずに窮地に立たされているのは、書店だけではありません。取次も同様です。

115

高度経済成長時代のビジネスモデルは、もう通用しない

　なぜ、取次や書店のマージン率はこれほどに低いのでしょうか。それは委託販売制度と深く関係しています。

　もともと委託販売制度は大手出版社が考えだしたもので、書店や取次の経営についてはそれほど考慮していないという事実があります。低いマージン率でもなんとか経営が維持できていたのは、世界でも稀有な日本の高度経済成長のおかげなのです。つまり、きわめて低いマージン率でも、薄利多売が可能であったという幸運に恵まれたからなのです。

　しかし、「本」が売れない現在では、従来のマージン率では書店も取次も経営が成り立たなくなってきているのです。この書店や取次のマージン率をあげるには、どうすればよいのでしょうか。

書協、雑協の役割とは

　ここでの提案は、書協、雑協が中心となって、書店や取次のマージン率を引き上げるための行動を、今こそ起こすべきときである、という意識があるのか、ということです。もし、その認識があるのなら、なぜ行動を起こさないのかということです。

　しかし、書協も雑協も、出版社の利益を守るための団

第3章　書店は、どうすればいいのか

体と考えれば、正味の改定問題を彼らに任せておいても、解決しにくいのは、ある意味、当然でしょう。そうだとすれば、誰がこの問題に取り組めばよいのでしょうか。

「出版文化産業振興財団」という財団法人がありますが、この財団法人はこのような問題に取り組んでくれるのか。

　誰も動いてくれないなら、新たに中立的な立場で公平な判断のできる組織を立ち上げることが必要なのかもしれません。

だれが頼りになるのか

　マージン率については、具体的にいえば、〝定価別正味の見直し〟を検討すべきではないかと思うのです。これは、出版社が中心になって行うべきことです。取次や書店の経営が破綻した場合、もっとも困るのは出版社なのですから、出版社としては、けっして他人事ではないのです。

　そして、だれが動くのかということになれば、それは「書協」しかないでしょう。大手出版社の代表である書協が動けば、業界は動くはずです。

　日本の活字文化を守るために、書協は今こそ行動に移さなければ、書協の存在価値が薄れることになりかねません。

117

17 定価問題と委託制度の改善

なぜ、正味改定は実現しないのか

　本のマージン率を考えるにあたっては、定価の問題についてふれざるをえません。まず、低価格の商品は、手間がかかるわりには利益が出ないので、正味を引き上げる（取次や書店の取り分を増やす）、高定価の商品はある程度の利益は確保しやすいので、現状の据え置きでもいける、などの判断もできます。したがって、ここでは定価別に正味を引き上げることが現実的だと考えられます。

　業界３者とはいいますが、誰もマージン率を真剣に考えることをしていないようです。現に、正味に関する件では、話し合いがいっこうに進展しないという事実があります。業界３者といっても、それぞれの立場は微妙に異なり、ときには利害が混乱することも多いのです。

　しかし、もう迷っている場合ではないのです。業界３者から代表者を選出して、「正味問題改定委員会」を立ち上げる必要があるのではないでしょうか。大手出版社、大手書店、大手取次は、今こそ正味問題に真剣に取り組

まなければ手遅れになりかねないのです。

「本」の定価を値上げする

　定価の値上げと正味問題は、どちらも出版界の命運を左右する大きな問題ですが、順序としては、〝定価の値上げ〟を最優先したほうが話は早いでしょう。出版物の「定価」は、出版社の独自の判断ですぐ実行できるからです。取次にも書店にも、相談する必要はありません。

　しかし、この値上げの効果はすぐには現れにくいので、それまで書店や取次の経営がもたない可能性もあります。

　したがって、緊急に行う対策としては、定価別に正味を変更する策と、「本」の定価を値上げする策を同時並行して実行する、という方法が考えられます。

　正味問題と「本」の定価値上げの問題は、書店の努力だけではどうにもならないのですが、書店側からも強く働きかけていく必要があります。なぜならば、これらの問題の影響をもっとも強く受けているのは書店だからです。

　書店側がこの問題に対して強く働きかけなければいけない立場にあるのですから、団体交渉はできないといわれますが、何も団体交渉でなくてもいいのです。新文化その他のメディアを通じて発言の機会を増やすべきなの

119

です。

委託販売の限界

　本書でもやり玉にあげ、今や出版業界の足かせのように思われている新刊委託・新刊配本は、じつは日本の出版業界が編み出した、世界に誇れる流通制度です。これほど効率的な流通制度はありません。外国の出版業界には、このようなシステムは存在しません。

　しかし、この制度は、基本的に大きな隠れた欠陥ももっています。それは、どの程度売れるかわからないのに、全国的に、しかも大量に配本してしまう、という、いわば「下手な鉄砲も数打ちゃ当たる」式の流通制度であることです。

　このシステムが今日まで機能してきたのは、すでに述べたように、世界でも稀有な日本の高度経済成長があったからにほかなりません。

　しかし、「本」が売れない時代になって、返品率が40パーセントにもなってしまった現在、もはや委託販売制度は限界にきた、と考えてよいでしょう。そこで考えられる解決策はいくつか用意されています。

第3章　書店は、どうすればいいのか

配本部数を絞る

第一に考えられる対策としては、新刊配本数を極限まで絞り込む方法が考えられます。

取次は、そんなことはすでに行っている、というでしょう。しかし、現実問題として、返品率は期待したほどには下がっていません。それはそうです。返品率とは、配本した数に対する返品数の関係であり、100部配本して50部の返品と、2部配本して1部の返品も、返品率は同じ50パーセントなのです。

つまり、配本数を減らしても、返品率は期待したほどには下がらない、ということになります。この問題を解決する方法は、配本の精度を高めることしかありません。しかし、それはそう簡単には実現できません。

なぜでしょうか。

18　返品は誰の責任か

返品問題で悪いのは取次か

　返品率を引き下げるには、新刊配本の精度をあげることがだいじだといいました。しかし、それはそう簡単には実現できません。

　もともと取次は、日本全国の書店についての客層その他個々の書店の特徴を知らなかったのです。知らない人が、勘を頼りに適当に配本しているのですから（かならずしも勘だけとはいえませんが）、ある程度の返品率はしかたないのです。

　しかし、返品率の高さは、かならずしも取次の責任だけとはいえない面もあります。

　考えなければならないことは、業界全体が取次に頼りすぎることがじつは大きな問題なのです。この点においては、出版社も書店も同罪なのです。

返品率の高さは誰にしわ寄せがいくのか

　返品の高さが取次の経営に大きな打撃を与えていると

第3章 書店は、どうすればいいのか

した場合の解決策としては、出版社にも返品費用の一部を負担してもらうしか解決策はありません。

中小の出版社はすでに返品歩戻しなどの名目で、その負担をしている場合がありますが、問題は、すべての出版社が返品率に応じてそれに見合った返品の費用を負担しているのかといえば、じつはそうではないということです。

取次の経営が限界に近いという事実を考慮した場合、返品の発生しているすべての出版社がその返品額に応じて、その費用を負担しなければいけない時期にきているのではないか、ということです。

返品率の異常な高さは業界全体の問題ですが、委託販売に頼りすぎる書店にも問題があります。委託配本を止めて、注文販売に切り換えることでまちがいなく返品は減らせるのですから。

これからの書店は、欧米の書店のように、自分で販売する「本」の仕入れは自分で選ぶ、という体制に切り換える必要があります。

新刊委託配本を存続させながら書店の経営を維持していくのは、今後ますます厳しくなるでしょう。それは、次のような理屈があるからです。

書店のマージン率が他の小売業に比較して極端に低く

123

抑えられているのは、返品ができるから、という理由からです。返品が可能ならば、マージン率は低くても経営は成り立つだろう、という変な理屈がまかりとおっているのです。

　返品が発生するということは、売れない「本」が多いということを前提にしているのであって、「本」が売れないということは、肝心かなめの利益が発生しないということなのです。そのような理屈では、最初から書店経営は成り立たないということなのです。

新刊配本に頼りすぎる書店業界

　日本では、出版社も書店も、新刊配本に頼りすぎる傾向が強い。外国では、このようなことは基本的にありません。

　その原因は、日本は世界的に見ても、例のない〝新刊配本システム〟があるからにほかなりません。そのような素晴らしい配本システムのおかげで、出版社も書店も、みずから努力することなく出版活動ができてきました。

　しかし、この制度に限界が見え始めている今日の状況では、いつまでも取次の新刊配本に頼るわけにはいかないのです。このままでは事態は何も改善されません。書店も出版社にも改革が求められています。

第3章　書店は、どうすればいいのか

　書店は、取次の新刊配本に頼らず自主仕入れに切り換える必要があります。具体的にいえば、書店は自主仕入れを基本とし、新刊配本はサブシステムと考えるしかないのです。

　出版社は、みずから書店をまわり、それぞれの書店の個性にあった本をそれぞれの販売力にあった部数を仕入れてもらう。この注文販売に切り換えていくべきだと筆者は考えます。

　このことは、とりもなおさず、欧米の販売方式に一歩近づくことになります。

19　自主仕入れのすすめ

自主仕入れのメリット

　書店の自主仕入れというと、今までの新刊委託販売制度に慣れた書店はとまどうことも多いでしょう。しかし、やる気のある書店ほど、自主仕入れにはやりがいと面白さを感じるはずです。

　私たちが小売店からものを購入するとき、1個購入する場合と複数個購入する場合とでは、値段が変わることがよくあります。たとえば、1個なら500円の商品が、3個まとめて購入した場合は1,000円に値引きされるというケースです。通販などでもよく行っていますね。

　欧米では書店が本を仕入れる場合に、仕入れる冊数によって、仕入れの正味が変わるのが一般的です。日本では取次が間にはいっているので、出版社の独断で勝手に正味は変えられないという現実があり、何冊仕入れても正味は変わりません。

　この問題を解決するには、書店は出版社から直接仕入れるしか方法はありません。

第3章　書店は、どうすればいいのか

自主仕入れと正味の問題

　出版社が注文販売に切り換えるということは、結果として書店も自主仕入れに軸足を移すことになります。今後は、出版社にも書店にも、委託販売に頼らない姿勢が求められることになります。

　欧米では、ほとんどの書店で自主仕入れが基本であることを考えれば、できないことではありません。日本の出版業界でもそうならなければならないのです。

　日本でも、一部の書店ではすでにそうなりつつありますが、全体的には、まだ大多数の書店は委託配本に頼っているのが現実です。しかし、この自主仕入れが一般化すれば、正味のあり方もそれに合わせて変化していく必要があります。

　自主仕入れ＝買い切り＝返品できない＝利益率が上がる、という理屈になってくるのが基本的な考え方なのですが、書店にとってこわいのは、返品できないということでしょう。自主仕入れに失敗したら、書店が返品の山を抱えることになる、と。

　しかし、まったく返品ができない、というわけではありません。

　書店の仕入れは注文仕入れでも、出版社との話し合い

127

しだいで返品は可能なのですから、完全買い切りという
わけでもないのです。さらに、仕入れ部数に応じて正味
が変わることが一般的です。つまり1部仕入れる場合と、
10部仕入れる場合では、仕入れ価格は変わるということ
です。欧米ではそれが普通です。

　日本も早い時期にそうする必要があります。書店のマー
ジン率を高めるために必要なことなのです。

仕事のやりがいと利益率の向上

　筆者は最近書店に勤務している友人に、「現在の書店
業界には将来に対する夢も希望もありません」と言われ
たことがあります。そのとき私は、「それは書店だけで
はないでしょう。みんな同じ思いで働いているのだから、
がんばるしかないでしょう」と言いましたが、内心はと
てもつらい気持ちでした。

　よく考えてみれば、書店の仕事のやりがいとは、ほん
のすこしの勇気を持つか持たないかで決まるのではない
か、と思うのです。その1つの手段が〝自主仕入れ〟で
はないかと思うのです。委託配本に頼り、取次から配本
されてきた商品を並べるだけでは、やりがいは生まれに
くいでしょう。自分が選書して品揃えを行い、それで読
者に喜んでもらい、書店の利益にも貢献できれば、やり

128

第3章 書店は、どうすればいいのか

がいにつながるはずなのです。

やりがいの向上と書店の利益

　自主仕入れで、何を何部仕入れるかでマージン率が変わるのであれば、儲かる書店の一つの方向性が見えてきます。儲からない書店から儲かる書店への可能性が開けてきます。

　書店の販売担当者のやりがいも生まれてきます。選書能力を高めることで、書店の利益向上にも貢献できます。

　ひとくちに自分で選書するとはいっても、ことはそう簡単ではありません。日々の絶え間ない努力が必要です。それでも「本」の仕事にたずさわる以上、活字文化の担い手としてやるしかありません。

売れるものだけ置けばいいのか

　自主仕入れで問題になるのは、「売れる本をいかに仕入れるか」ということでしょう。そうなると、書店の店頭には〝売れる本〟だけが並ぶということになりますが、書店は「売れるものだけ置けばいいのか」といっても、これもそれほど単純な話ではありません。

　書店の規模に応じて、つまり大型書店と中小の書店とでは棲み分ける必要もあるでしょう。たとえば、どのよ

129

うな「本」でも一度は店頭に並べたり、中小の店舗では置きにくい専門的な出版物を販売するのは、大型書店の役割ともいえます。

　日用品的出版物は中小書店で、専門書や高額商品などは大型書店で販売することで、出版文化の維持と書店の利益の両立をはかることも可能になってきます。

自主仕入れと注文販売で、返品問題は大幅に解決できる

　自主仕入れが一般化することで、「返品問題」という大きな問題の一つが解決できることになります。

　書店が基本的には、自分の店で販売する「本」は、自分で決める——これが実現できれば、新刊配本に頼ることもなくなります。

　この姿勢はたいへんに大切なことです。こうした方向に切り換えていかないかぎり、いつまでたっても返品率は下がらないでしょうし、書店も返品業務に追われてしまうだけです。

　選書の手間はかかっても、自分の店で販売する本は自分で決めるのが、書店業の基本と考えると、自分の店には不必要な本が多いことに驚くのではないでしょうか。この不必要な部分こそが、返品率を押し上げていることになるわけです。

第3章　書店は、どうすればいいのか

　自主仕入れは、慣れればそれほどたいへんなことでは
ありません。JPO（日本出版インフラセンター）のホー
ムページから新刊情報を入手したり、出版社に依頼して
重版情報を流してもらうなどができれば、自主仕入れは
できます。自主仕入れが定着すれば、おのずと出版社と
の直取引が増えていくことになる可能性もありますが、
それは次のステップとなります。
　まずは自主仕入れからスタートです。

適正な利益を出せなければ、活字文化どころではない

　多くの書店では、出版社との直取引を敬遠する傾向が
あります。しかし、それではいつまでたっても、書店の
粗利は改善されません。いつまでも低マージンに甘んじ
ていくしかないということになります。
　ここで勇気をもって、手間はかかっても、出版社との
直取引を増やしていけば、仕入れ正味の交渉もできて、
利益率を上げることが可能になってきます。もちろん、
一度にすべての出版社と直取引するわけではありません。
できるところから始めればいいのです。
「自分で販売する本を自分で決める」そんなことがほん
とうにできるのかと、多くの方は思うかもしれませんが、
できるのです。実際、すでにそれを実行している書店は

131

あるのですから。

　できないとすれば、それは覚悟の問題です。自主仕入れと直取引、これこそこれからの書店が生きる道なのです。簡単なことではありませんが、これが実現できれば、書店の未来もおのずと開けてくるものと確信しています。

金太郎あめ書店からの脱出

　ここでたいせつなことは、活字文化の維持も、利益を生み出せない業界では成り立たないということです。利益追求のバランスの問題を忘れてはいけないということです。活字文化の担い手としては、そこの問題をつねに意識しておく必要があります。

　金太郎あめ書店という言葉をよく耳にします。地方の書店の大きな特徴で、どの書店もみな同じような「本」が置いてあり、同じような棚構成である、ということからきた表現です。

　欧米にはこのようなケースは、じつはあまり存在しません。その理由は、日本では仕入れの大半を取次の新刊配本に頼っているため、みな同じような商品構成になってしまうのです。

　自主仕入れの部分が多くなれば、それぞれの書店の個性がもっと現れてくるのではないでしょうか。

第3章　書店は、どうすればいいのか

20　個性的な書店と仕入れ能力

書店七不思議

　欧米の書店では、自主仕入れが一般的で、「自分で売る本は自分で決める」という書店が多いので、個性的な書店が生まれます。自分の店の存在する地域やお客さんの好みに合わせた品ぞろえの書店が生まれることになります。日本でも最近、欧米タイプの書店が徐々に増えてきていますが、このような書店は少数派です。

　日本の多くの書店の現状は、まだまだ自主仕入れからは遠いところにあるといってもよいでしょう。書店の方とお話しすると、筆者からみて頭をひねるようなことを感じることがよくあります。筆者としては、「書店の七不思議」とでもいいたくなるようなことです。

「七不思議」というと、なにか遊びのような印象を受けるかもしれませんが、たいへん深刻な問題だと思います。筆者が訴えたいことは、このような書店ではいけない、このような書店には絶対になってほしくない、ということを冗談ではなく、書店の皆さんにぜひお願いしたいこ

133

となのです。

　実際、書店営業をしているとよくぶつかる問題で、けっして作り話ではありません。そこが問題なのです。

書店七不思議その1・配本で様子をみます

「こんにちは」

「いつもお世話になります」

「新刊案内でうかがいました。何部か置いていただきたいのですが」

「新刊配本で様子をみますから、結構です」

「新刊配本はしないのですが」

「それなら結構です」

　こんな会話がよくあります。

　書店員が新刊の内容も聞かずに、「配本で様子をみる」というのは、いったいどのようなこなのか、筆者には理解できないのです。

　配本がないならば要らないし、配本があるのならそれで対応できるので注文はしない、ということなのですが、そこには自分の意思とか、「本」の内容などはまったく考慮されていないわけです。

　このような態度では、もしかりに取次の経営破綻が起きた場合、自分も破綻するしかありません。実際、取次

第3章　書店は、どうすればいいのか

の太洋社が経営破綻したときに、実際に起きた事例です。

　このような事態に陥らないために、書店に必要なことは、自分で販売する本は自分で選ぶ、取次の配本には頼らない、という気概が必要です。この気概を持てるかどうか。これが一流書店かどうかの分かれ目となります。

　新刊配本された「本」を並べて販売するだけでは、仕事のやりがいは生まれないのではないかと思います。困難でも、自主仕入れこそがやりがいのある書店の仕事といえます。

　イノベーションの激しい時代に、100年も前のシステムに頼っていたのでは、残念ながら消えていく運命にある、と思いませんか。

書店七不思議その2・買い切り本は置きません
「こんにちは。新刊案内にうかがいました」
「うん、なに、案内見せて」
「これなんですが」
「ふうんいいね。委託扱い？」
「買い切りなんですが」
「買い切りなの。なら要らない。買い切り品は置かないから」
　これもよくあるパターンです。

135

利益率の低い書店で「返品のできない買い切り品は置けない」というのは、なんとなく理解はできるのですが、「ハリー・ポッター」は置いてますよね。それは「ハリー・ポッター」は間違いなく売れるからでしょう。

　そこなんです。買い切りでも売れるものは置くのです。『広辞苑第七版』もそれで売れているのですから。

　中小書店の場合は、しかたないのかもしれません。しかし、自分の仕事に誇りを持っているなら、「買い切りは置かない」とは絶対に言ってはいけないのです。せめて、「当店の客層に合わないので置けない」といってほしいのです。それならば、版元も納得せざるをえないのです。

　とにかく、書店のプライドにかけても、「買い切り品は置かない」とは言ってほしくないのです。買い切り商品でも売れそうなものは、勇気をもって積極的に取り扱ってほしいのです。

時代を超え、かつての名作がベストセラーに

　『僕らの七日間戦争』（角川文庫）という本が多くの若い人たちに読まれています。この本は30年以上まえに大人向けに書かれた本です。それなのに、今、中学生や高校生に読まれています。

　大人向けに書いたというのは、著者や出版社がそう思っ

ているだけの話であって、誰が読んでもいいわけです。
つまり、「本」というのは、出版社や著者の予想に反して
読まれていくものなのです。

　書店が、この本は「当店の読者には合わない」などという
いうのは、自分から顧客を決めてかかっているわけで、
これではどこにいるのかわからない潜在読者の要望にこ
たえられない、ということになります。

　書店は（出版社も）、本来は買い切りだからとか、うち
の読者には合わないとか言うべきではないのだと思うの
ですが。

　そういえば、200万部を超えるベストセラー漫画『君
たちはどう生きるか』（マガジンハウス）なども、原作は
吉野源三郎氏が80年もまえに書いた作品です。それが
今ごろになって大ベストセラーになるなんて、いつ何が
売れるかわかりませんね。

書店七不思議その3・直取引はお断りだよ
「こんにちは。版元ですが」
「なに、今忙しいんだけど」
「直取引で置いていただきたい商品があるんですが」
「うちは直の取引はしないよ」
「そうですか。でも文具は置いていますよね」

137

「でも、文具はあれだけあっても、1社だからね」

「版元は何百社もあるでしょ」

「そこが問題なんだよ、君」

「いま、忙しいんだよ。ごめんね」

　これもわかるような気がしますが、これからはそうはいきませんよ。考えなおしたほうがよいと思いますが。

　出版業界の正味体系がどんどん変化し、取次経由の仕入れと直取引の場合の正味に大きな開きが出てきた場合、いやでも、直取引せざるをえない。このような時代がすぐそこまで来ているのです。

　現実の問題として大手書店の紀伊國屋書店やCCC（カルチュア・コンビニエンス・クラブ　蔦屋書店などを運営する会社）では、特定の商品については、版元から直接商品を仕入れています。そのときの仕入れ正味については個別に交渉しています。取次経由で仕入れるときの条件とは、かなり異なります。

　大手書店でなくても、最近、新規にオープンしている書店の場合、版元から直接商品を仕入れている場合が多いようです。

　すべての商品を直接取引するのはたいへんですから、取次経由で仕入れるものと、版元から直接仕入れるものを、状況に応じて使い分ければよいのです。

第3章　書店は、どうすればいいのか

　欧米の書店の場合も、すべての商品を版元から直接仕入れているわけではないのです。大量に仕入れる場合は版元から直接仕入れますが、少量の仕入れは取次経由で仕入れるなど、使い分けている場合が多いのです。

　これならば、どこの書店でもできないことはないはずです。まずは第一歩踏み出してみることが大切です。

書店七不思議その4・売れるか売れないかわからない本は置きません

「こんにちは。いつもお世話になります。新刊案内でうかがいました」

「うん、どれどれ。うーん、むずかしいね。うーん。うちでは売れるかどうか。今回はパスするよ」

　書店には、売れる本がいくらでもあるからしかたがないか。しかし、「本」は置いてみないとわからないという不思議な性質を持っています。

　作る側、売る側の予想を裏切ることはよくありますが、ここで大切なのは、〝進取の気性〟を持って取り組もうとする書店の姿勢です。一流の書店かどうかはここで分かれると筆者は感じています。

個性的な書店だから、お客は来てくれる

　地下鉄東西線の行徳駅近くに、ベストセラーは置かな

い、という書店があります。自分たちで読んで「面白い」と思った本しか置かないのです。この書店の品揃えは他の書店にはそう簡単にはまねができませんから、超個性的な書店ということになりますが、この書店の業績は好調です。

　都心にもこのような傾向の地区が多くあります。一例をあげるならば、神田神保町がそれです。神保町には新刊本・古書店がひしめいていますから、個性的な書店でなければ生き残れないからです。新刊本は、東京堂、書泉、三省堂の３書店のみですが、この３書店も個性的です。

　たとえば、医書に強いのは三省堂で、書泉や東京堂には医書は置いていません。コミックに強いのは書泉ですが、東京堂はコミックは置いていません。

　このように「本」の街神保町でも、書店間で置くものと置かないものを決めて、上手に棲み分けています。神保町だからできるのではなくて、ほんとうは、どこの街でもやろうと思えばできるはずです。

　欧米の書店が個性的なのは、新刊配本制度が存在しないからという理由もありますが、ほんとうは書店主によって「本」に対する好みの問題なのです。販売したい「本」が基本的に違うことが、その理由なのです。

第3章　書店は、どうすればいいのか

書店七不思議その5・会社の方針なので

「こんにちは。きょうは新刊案内でうかがいました。何部でもけっこうですので、置いてください」

「私には発注権はないのよ」

「どなたに発注権があるのですか」

「ここには発注権のある人はいないのよ」

「それでいいんですか」

「本部の方針だからしかたないのよ」

「現場の方がいちばんわかっているんではないのですか」

「本部の方針だから」

　現場の方に発注権のない書店は、実際、少なからずあります。最近のブームともいえます。

　ここで問題なのは、現場の方に発注権のない書店の多くは、業績が低迷している場合が多いということです。

　業績が思わしくないから仕入れを抑え、本部の判断で仕入れを決めているのでしょう。しかし、何が売れているか、いちばんよくわかっている人に発注権を与えていないから、業績が振るわないのは当たり前のような気がします。それとも、本部が現場を信用していないのか。どちらにしても大きな問題です。

141

書店七不思議その6・売れる「本」はやたらと注文する書店

「こんにちは。版元です」

「あまり見ない顔だね。どこの版元さん」

「○●出版です」

「○●出版さん、いいところに来てくれた。話があるんだけど」

「なんでしょうか」

「お宅で出した○○の本だけどさ。いくら注文しても、全然入荷しないね。困るんだ」

　このパターンもときどき発生します。ふだんあまり訪問していない書店にかぎって、このような話が出てくるのが不思議です。これも、委託制度と関係が深い困った問題なのです。

　出版社では、ときどき思いもしなかったベストセラーが出ることがあります。当然ですが、全国の書店さんから注文が殺到することになります。版元には、毎日毎日客注が山のように舞い込みますが、この客注がじつは怪しいのです。この客注を信じて満数出荷してしまうと、後で山のような返品に悩まされることになる場合があるのです。

「ハリー・ポッター」シリーズも、当初委託で販売したのですが、途中から買い切り扱いに変わりました。理解

142

第3章　書店は、どうすればいいのか

できます。あまりに返品が多いので、版元としてはやむなく買い切り扱いに変更したのです。

　書店がみずから注文した商品は返品できない、というルールを守らない書店の存在は、いつまでたってもなくならない困った問題です。

　いくら返品ができるといっても、みずから注文したものは責任をもって売り切ってくれないと、業界が混乱するのです。

書店七不思議その7・出版社によって態度を変える書店

　長く書店営業をしていると、出版社によって態度を変える書店があることが自然にわかってきます。それはある意味、しかたないことだとも思います。が、少なくとも日本を代表する一流の書店に、そのような書店はありません。

　この場合の最大の問題は、出版社を差別扱いする書店には、自然と版元の営業マンは足を向けなくなるということです。

　このことは、何を意味するのでしょう。

　書店にはいる情報のかなりの部分は、出版社の営業マンからはいる場合が多い、という事実があります。つまり、出版社の営業マンが来なくなるということは、書店に

143

とって有益な情報がはいりにくくなることにほかなりません。

　書店は、まちがってもこのような態度をとってはいけないのです。経営破綻した書店のなかには、このような書店も多かったという事実があるということも、無関係な話とは思えないのです。もちろん、経営破綻した書店がすべて、そのような書店だったというつもりは毛頭ありません。

第3章　書店は、どうすればいいのか

21　地域文化とともに

大型書店の仁義なき出店に思う

　出版業界最大の危機に瀕して苦しんでいる書店が、日本全国におよそ 12,000 店。その多くは、いつ経営破綻してもおかしくない状況のなかで必死にがんばっています。

　ある書店は著者の方を呼んでのサイン会、近隣の子供を集めての朗読会などを開催、またある書店は地域の皆さんの要望に応えて年賀状の予約活動や印刷を引き受けたり、美容院を併設・化粧品の販売をしたりして、なかばコンビニ化したり、カフェや文具、事務機器の販売はもはや当たり前。名前は書店であっても、これが書店かとびっくりするような書店もじつは多いのです。

　これらの書店に共通しているのは、地域に溶け込み、地域文化を支えるために必死にがんばっていることです。

　ところが、これらの人たちの必死の努力を一瞬にして破壊してしまうのが、大型書店の地方進出です。

　これには、取次も少なからず加担しているので始末が悪いのです。なぜならば、大型書店の出店は仕入れ商品

145

の支払いなど、取次の支援がなければ簡単には実現できないからです。

　地方によっては、このような大型店の出店が必要のないケースもじつは多いのです。都市部には、あるいは大型書店が必要であったとしても、地方には地方の経済に見合った規模の書店があれば、それで十分なのだと筆者は強く感じています。

　大型書店は、これ以上地方のコミュニティを破壊するような仁義なき出店はやめたほうがよい。日本を代表する大型書店には、活字文化の担い手として業界全体のことも考える自覚をもっていただきたいと願っています。

大型書店の役割とは

　大型書店の役割とは何かを考えた場合、自然に出てくる答えは、中小の書店では在庫できない専門書などが置けることです。そのような出版物を求める読者が地方にも存在することはたしかです。だから、必要に応じて地方にも大型書店は必要なのですが、すでに大型書店が存在するのに、さらに大型書店が出店することなどは問題外なのです。

　大型書店は、東京や大阪、名古屋にあればそれで十分ではないか。それ以外の都市では、大型書店は必要ない

第3章　書店は、どうすればいいのか

のではないかとも思われます。

　もし、地方都市にも大型書店が必要だと思うなら、八戸ブックセンター方式を採用するなどの解決策もあります。

　地方に出店することで生き残りをはかるのではなく、他の策を考える道もいくらでもあるはずです。

未来の書店なのか、異次元空間

　東京に異次元空間ともいえる書店が4店舗存在します。名前は書店なのですが、書店とは思えない異次元空間です。渋谷、銀座、神保町、日比谷にその店舗は存在します。情報に早い方なら、すでにご存じでしょう。しかし、まだ知らない方もおられると思いますので、簡単にご紹介します。

　まずは、渋谷区代官山の蔦屋書店ですが、この店は2011年から存在していますので、多くの方がすでにご存じかと思います。この施設は、CCCの提案している、蔦屋書店を中核とっしした生活提案型の商業施設です。

　といわれても、ピンときませんね。そこが異次元空間といわれるゆえんです。

「本」「映画」「音楽」などを中核としたライフスタイルを提案する専門店の集合施設で、その中心に蔦屋書店が

147

位置しているのです。

　アート、グッズ、イベント、蚤の市、朝市などなど、活気にあふれた生活空間なのです。まさしく未来志向型書店です。

銀座シックス蔦屋書店

　銀座シックス店は、2017年6月にオープンしています。オープン日はたいへんな人出で、多くのマスコミが取り上げましたから、ここもご存じの方が多いでしょう。

　この6Fに蔦屋書店があるのですが、「本」はそれほど在庫していません。在庫しているのは、アート関連の専門書と一部雑誌を置いているだけです。そもそも銀座シックスがライフスタイルを提案する要素の濃い施設なのですから、「本」を販売することだけが目的の書店ではありません。高級万年筆や日本刀、その他のアート作品が所狭しと陳列されており、代官山蔦屋よりもはるかに書店のイメージはありません。

本もすこしは置いてある雑貨店？

　CCCの蔦屋書店系列とは別に、2018年に新たにオープンしたのが、東京ミッドタウン日比谷の3階の有隣堂書店と、神保町の神保町ブックセンターです。

第3章　書店は、どうすればいいのか

　東京ミッドタウン日比谷の有隣堂も、書籍はほとんど置いていません。ひとことで言うならば、「本」もすこしは置いている雑貨店といったイメージです。これも、生活提案型店舗そのものです。
　たとえば、お茶を販売しているコーナーの一部に、すこしだけお茶関連の本が置かれていたり、お酒類が販売されているコーナーに、ワインや日本酒関連の本がすこしだけ置かれている、というイメージです。
　もともと有隣堂は「本」の売り上げよりも、その他の商品の販売額が多いのですから、このような視点の店舗がこれからも増えていくことになるのでしょう。

本の街・神保町にも、異次元の書店が登場
　2018年4月にオープンした神保町ブックセンターは、ここで紹介する店舗のうちではもっとも書店らしいといえばそうなのですが、実態はかならずしもそうではありません。この施設は、信山社・岩波ブックセンターの店舗を引き継いだ形でオープンしました。しかし、引き継いだのはビルだけで、中身はまったくちがう別物です。
　経営母体は、小田急電鉄の関連会社であるUDSの経営です。UDSは、街づくり・街開発の企業です。たまたまこの地が岩波書店発祥の地であることから、見かけは

149

岩波書店の出版物に特化した書店としてオープンしたのです。しかし、店内はカフェの客でいつも満席、レンタルオフィスもあり、ここでビジネスをしている人もいます。夜はお酒も飲める高級居酒屋に変身する憩いの場ともなります。

未来の書店はどうなるか

　以上の４店舗すべてに共通しているのは、「本」のある空間ということになるでしょうか。「本」だけでは魅力に欠けるので検討した結果、結論としてこのような答えが導き出されたというわけです。

　このことが即未来の書店となるのか、それはわかりませんが、一つの答えであることにはちがいありません。現に日本を代表する書店の多くは、すでにこのような形に変身しているのですから。

　しかし、話はすこし先に行き過ぎたようです。やはり、書店は書店らしく、と考える人も多いでしょうし、そういう書店がすっかり姿を消してしまうとも思えません。

　今後、書店はどうあるべきか。筆者が見聞きした範囲で、〝日本を代表する書店〟はどのようなものか、を考えてみたいと思います。

第3章　書店は、どうすればいいのか

22　信頼されている書店から学ぶもの

私の考える一流店とは

〝日本を代表する書店〟とここでいうのは、何か基準が
あっていうものではありません。筆者が体験したなかか
ら選び出したものです。

　また、あくまでも筆者の知っている書店のなかでの話
のことで、筆者の知らない地区や知らない書店は対象と
はなっていません。たとえば、筆者は沖縄や四国、秋田
県や福井県、山梨県、鳥取県、山口県は訪問したことが
ありません。この地区の書店様には申しわけなく思って
おります。〝日本を代表する書店〟を考えるときに、売り
上げや規模の大小はそれほど関係ないということも強く
感じています。なぜならば、規模や売り上げは資本金の
問題が大きく関係し、書店の質の高さとはあまり関係が
ないからです。

　さて、〝日本を代表する書店〟といえば、すくに頭に浮
かぶのは紀伊國屋書店と東京堂書店です。さらに、八重
洲ブックセンター、書泉、丸善ジュンク堂書店などが浮

151

かんできます。さらに続くのが、三省堂書店、有隣堂書店、オリオン書房、三洋堂書店あたりかな、と考えてみたのですが、これはあくまでも筆者の感覚です。

　ここでのベスト5を一流とした場合、三省堂書店以下有隣堂、オリオン書房、三洋堂書店さんなどは、支店によって、また人によってばらつぎが目立つので、素直に一流とはいいがたい感じもあります。強いていうならば、準一流書店といえばよいでしょうか。

一流書店の条件1・名刺で出版社を差別しない

「一流の条件」といっても、その要素は多く、一口には言い表せません。ここではあくまでも筆者の独断で、3つの要素に絞り込んだうえで考えてみました。

　第一にあげるのは、以前にもふれましたが、名刺で出版社を差別する書店が少なくないということはすでにお話ししました。書店の方がそういう態度になるのは、多忙な毎日のなかでは、ある意味しかたのないことと思います。

　しかし、そのような態度をまったくしない書店があることも事実です。これは人柄も関係しているとは思われますが、その書店の教育方針が大きく影響しているはずなのです。

第3章　書店は、どうすればいいのか

　出版社を差別しないということは、お客様に対しても、あらゆる人に対して平等に接していることを意味します。このことは、ビジネスの世界のみならず、人が生きていくうえで大切なことです。

一流書店の条件2・進取の気性に富む

　人も世の中もどんどん変化しています。「本」の世界においても、型にはまらず、つねに自ら進んで新しいことに挑戦する姿勢がたいせつです。

　このことは「本」にもいえることです。先入観で仕事をしていると、時代に取り残されてしまいます。

一流書店の条件3・確かな選書能力

　価格で差をつけることができない書店業界では、選書能力が会社の業績に大きく影響します。販売額で書店の質を決めることはできませんが、選書能力の高い書店は、結果的に販売額も高くなる傾向にあります。また選書能力の高さは、読者にとって「ほんとうに必要な本」を発見できることにもつながります。

　読者にとって「本当に必要な本」を提供することは、質の高さにもつながります。

　「本」が売れようが売れまいが、「本当に必要な本」を提

153

供することが、質の高い一流の書店といえます。

　誤解を覚悟のうえであえて申し上げたいのですが、筆者は「委託販売制度」が日本の書店の質を落としたと感じています。なぜなら、委託販売に頼っていれば、「本」に対する知識のない人でも、かんたんに書店を開業できてしまうからです。

　これはあくまで一般論であって、すべての書店がそうだというつもりはありません。しかし、一部の書店にはまちがいなくこの理屈はあてはまるのです。

第3章　書店は、どうすればいいのか

23　読者とともに個性的な書店づくり

書店が減れば、本離れが進むだけ

　読者人口が減れば「本」の売れ行きは落ちる、「本」が売れなくなれば書店は減る、書店が減れば多くの人は「本」を読むという習慣を捨てる——それはある意味で当然の帰結といえます。

　なぜならば、「本」は私たちの生活にとって、絶対に必要なものとはいえないからです。本来は、私たちの生活に「本」は絶対に必要なものだと思うのですが、一般的にはそう思われていません。

　それを物語るデータが存在するといいます。たとえば、ある街にいくつかの書店が存在したとします。そして書店同士の競争のなかで、いくつかの書店が廃業した場合、残った書店の売り上げは、はたして増えるのでしょうか。

　このような実例は、日本全国いたるところに存在します。そして多くの場合、残った書店の売り上げが増えることはないといいます（すこし増える場合もある）。つまり、多くの場合、多くの人は本を読まなくなる傾向にある、

155

というデータが実際にあるといいます。つまりは、どんな小さな村や町にも、基本的には書店は必要だということです。

今、日本では書店の存在しない町がどんどん増えており、これが大きな問題なのですが、そのような大きな問題をかかえながら、日本の書店数は毎年少ない年でも500書店から、多い年は1,000書店が廃業しています。

がんばる書店の特徴は

出版不況の荒波にもまれながらも、がんばっている書店ももちろんあります。そうした懸命にがんばっている書店を紹介させていただきます。参考にしていただければ幸いです。

かろうじて経営を維持できている書店は、それぞれに創意工夫をこらし、出版文化を守るために血のにじむような努力をしながらがんばっているわけですが、残念ながら努力のかいもなく廃業せざるをえなかった書店の多くは、売り上げ不振によるものです。

かろうじて生き残っている書店はどのような対策・秘策によって経営を維持しているのか、ごく一部ですが触れてみたいと思います。

○取次の配本に頼らず独自の選書でがんばる書店

第3章　書店は、どうすればいいのか

○多角化・地域密着化でがんばる書店
○外商でがんばる書店
　がんばっている書店は、おおむね上記の3点に集約されますが、これらのすべての条件を満たしている書店も存在し、実態はかなり複雑に入り組んでいるという現実があります。

独自の取り組みで個性を──1万円選書のいわた書店
　札幌から函館本線で特急で1時間半のところに、砂川市の砂川駅があります。その砂川駅前にいわた書店があります。砂川市は、人口およそ17,000人、札幌と旭川のほぼ中間地点にある小さな地方都市で、これといった大きな産業もなく、観光都市ともいえません。人口は昭和19年の4万人がピークで、それ以降は減る一方の、いわば過疎の町です。
　このような街で書店を経営していても、将来性があるとはいえません。しかし、いわた書店の取り組みは多くのメディアでも紹介されています。
　2018年4月23日のNHKテレビ「プロフェッショナル仕事の流儀」でも、いわた書店の取り組みが放送されています。1万円選書のはじまりは、10年まえにさかのぼります。

157

高校の同窓生の集まる会に出席した岩田さんは、先輩から1万円をわたされ、「これで出張のときに読める本をみつくろって送ってくれ」と頼まれたことだといいます。

　このとき岩田さんは、「もしかしたら、これはいけるかもしれない」と思ったといいます。

　10年まえの偶然から始まったこの「1万円選書」は、全国の多くの方から注文が舞い込み、3,000人待ちの状態だといいます。

　岩田さんの1日は朝の5時から始まります。この早朝の時間を読書に当てており、年間200冊は本を読み、自分で読んで面白いと思った本だけを注文して店に並べるそうです。話題の「1万円選書」は、これらの「本」から選んでいます。

　岩田さんの目利きと細やかな対応が、「1万円選書」を支えています。岩田さんは取次の新刊配本にはほとんど頼りません。岩田さんは読書家で、書店についても「自分で販売する本は自分で仕入れる」のが基本だと考えています。

　当初、親のあとを引き継いで書店の仕事を始めたころは、取次から送られてきた「本」を売ってお金にかえるだけの本屋の仕事に魅力を感じなかったそうです。

　「1万円選書」で「本」を送ってもらったお客様からは、

第3章　書店は、どうすればいいのか

多くの感謝、感激の声が寄せられているといいます。お客様のなかには、生き方が変わった、という人さえいるそうです。将来は本屋をやりたいと思うようになったという人もいます。

　本屋の役割とは、新たな世界への橋渡しだ、と岩田さんはいいます。

24 書店が生き残る知恵は無数にある

大型書店の谷間で勝負

　新潟といえば、地方都市を代表する人口80万人の大都市です。紀伊國屋書店やジュンク堂書店、蔦屋書店などの大型書店や、英進堂、萬松堂書店など地元老舗書店などがあり、全国有数の激戦地区です。そのような激戦地区で、わずか20坪の書店が健闘しています。店主・佐藤雄一さん経営の北書店です。

　佐藤さんは、地元老舗書店である北光社で店長を勤めるも、北光社は倒産。北光社倒産後に、北光社のあとにできた書店です。

　北書店の特徴は、敷居が低く地元の人に愛されていること、そして、イベントにも熱心な地域密着型店であるにもかかわらず、独自の品ぞろと見せ方で勝負している書店といえます。

　旬のベストセラーに混じって、お客さんの好みに合わせたり、売れる出版社の本を毎日チェックしたりして、ほとんど自分で仕入れるという佐藤さん独自の品ぞろえ

の結果、今の書店になったそうです。

　ご当地のアイドルや学者、編集者や作家などを巻き込んでのイベントにも熱心で、あらゆる要素が絡み合って、いまの書店になったのです。

　これを佐藤さんは、「マニュアル化できないさじ加減」といいます。北書店の扱う本の90パーセントは取次経由の商品で、非流通物は少ないといいます。「本」だけでも独自の品ぞろえで勝負ができるという書店の典型です。

多角化・地域密着でがんばる書店

　出版不況のなか、　書店が「本」だけを販売していては経営が成り立たなくなって、久しいものがあります。いまでは、大も小も書店の多くは、「本」以外の商品を売ることに熱心です。その点に関しては、都市部も地方も同様といえます。

　では、「本」以外にどんなものを扱っているのか。おそらくもっとも多いのが、事務用品、文具などでしょう。昔から、事務用品や文具などを販売する書点は存在しており、けっして珍しいことではありませんが、最近はこれがほぼ当たり前になっており、これらを取り扱っていかないと書店経営が成り立たない、という現実があります。

本来、書店は出版物の販売のみで経営が成り立つのであれば、その他の商品は扱う必要がないわけですが、そうはいかないところに、この業界の大きな本質的問題があります。

　書店業界は、薄利多売でしか成り立たないという構造で成立しています。現在の多くの書店の売り上げ構成のかなりの部分は、出版物以外の商品でカバーされています。この点においては、小規模書店も大規模書店も大差ありません。

カフェ併設の書店

　近年とくに目立つのは、カフェ併設の書店が多いことです。一部の大型書店、たとえば八重洲ブックセンターなどでは、オープン時からカフェが併設されていましたが、最近は、三省堂書店も丸善ジュンク堂書店も蔦屋書店なども、みんなカフェ併設で、書店といえばカフェ併設があたりまえのようになっています。

　ごく最近オープンした神保町ブックセンターなどは、カフェ・食事、ワーキングスペースがメインの書店といってもいいくらいです。夕方以降はお酒もOKの至れり尽くせりの書店です。

　カフェ併設の元祖は八重洲ブックセンターだというイ

メージがありますが、今では当たり前で、「本」を購入しないときでも、カフェをおおいに利用している人も多いはずです。

　丸善丸の内店などは、東京駅を真下に見下ろす絶好のロケーションで、本を読みながら電車の時間待ちにも利用できます。

　ごく最近では、JR千葉駅がリニューアルされ、駅ビルに熊沢書店がオープンしましたが、この店もカフェとコラボした、休憩にも打ち合わせにも使える便利な書店です。

コンビニ化した中小書店

　地方の中小書店は、今やコンビニ化している書店も少なくありません。

　広島県福山市から車で1時間半の山間地・庄原市東城町ウイー東城店があります。年賀状の取り次ぎから印刷まで引き受ける複合書店です。

　店内には美容室から化粧品の販売までしています。コーヒーの販売からカフェ運営、出版物を主力商品にしながらも、地域住民の御用聞きに徹していくうちに、現在のような業態に変化し、今では地域になくてはならない存在になったといいます。

東城町は周囲を山々に囲まれた、人口わずか8,000人の過疎の町です。商店街ではシャッターをおろした店も多く、状況はきわめて厳しいものがあると察せられます。このような例は、日本のあちこちに見られる現象ですが、ウイー東城店生き残りの秘訣は、地域密着と複合化につきるといえます。

外商で生き残る都内の老舗書店

　各地の書店生き残りの奮闘努力をもうすこし見ていきましょう。

　東京渋谷区の表参道に、女性5人でがんばる老舗書店があります。すぐ近くには、原宿、渋谷があり、とくに渋谷には日本を代表する大型書店がいくつも存在します。明治24年から続いている書店ですが、常識的には、大型書店の乱立する東京では、厳しい競争を余儀なくされています。

　この書店の生き残り策は、外商にあります。近隣の企業や商店にかなりの量の出版物を配達しているそうです。多い日の配達は500冊にもなり、かなりの重量の出版物を自転車で配達しているといいます。また、配達しながら書籍の営業も行います。

　この努力が大型書店がひしめく東京で、この書店を支

第3章　書店は、どうすればいいのか

えているのです。

九州・熊本でがんばる老舗書店

かなり昔の話になりますが、熊本に出張したおりに感じた一つの思い出があります。それは九州の1地方都市にしては、ずいぶん書店が多いことです。紀伊國屋書店をはじめ地元の書店もかなりあります。

そのようなアーケード街の奥に、長崎書店がありました。たしかに熊本は地方都市にあっては人口の多い都市にはちがいありませんが、それにしてもこんなに書店があって大丈夫のかな、と強く感じたのです。

そのようなことを考えながら長崎書店にはいった筆者は、そこでまた驚いたのです。それは、100坪前後の店の品ぞろえは、特徴のない田舎の書店そのものだったからです。挨拶もそこそこに書店を出た筆者は、「この書店ははたしていつまでもつのかな」と、とても気になりました。

最近ある「本」でその書店がイメージを一新してがんばっていることを知り、ある種の感動を覚えました。

その本とは、『「本を売る」という仕事　書店を歩く』（長岡義幸著・潮出版社）ですが、それによると、130坪あった店舗の一部を賃貸して売り場面積を縮小し、中途

165

半端な品ぞろえの農業関連書や工学書などの専門書は思い切ってはずしたのです。いっぽう街の本屋の役割としての最寄り品に近い雑誌やコミック文庫はしっかり置いて、売り場の一角に原画展や絵画展、トークショーを開ける５坪ほどのギャラリーを設けたとのこと。これによれば、筆者が訪問したころのイメージは一新されて、まったく新しい書店になったことが想像されます。

　ジャンルによって切るものは切る、強化するところは強化することで、戦略的にもたいへん強化されたことがうかがえます。特化するのではなく、一般書を深める方向、という長﨑健一社長の言葉には説得力があります。

　地方の書店でも、本気で変わろうとする意志があれば変われるのです。長﨑社長に心から敬意を表します。

揺らぎはじめた書店をしばる二つの柱

　出版業界では、取り引きに関するほとんどのことが取次や出版社によって決められており、書店主導で決定されることはあまりありません。

「本」の流通と販売に関しての中心をなしているのは、２つの大きな柱であることは、業界の方であればだれでもご存じのはずですね。

　一つが委託販売制度であり、もう一つが定価販売制度

第3章　書店は、どうすればいいのか

であるのですが、委託販売制度は明治42年に実業の日本社が始めたもので、講談社がこれに追随し、業界全体に広まったものですが、「本」が売れなくなり40パーセントを越える返品率で、この委託販売制度は今や危機に瀕しています。

委託販売は補助的手段として、注文販売に軸足を移す。これまでに述べてきたように、これが現実的な改善手段といえます。

委託販売が書店の資金繰りを悪化させているという事実もあります。

そしてさらなる大きな柱は定価販売制度で、これについては取次主導で進行していますが、じつに多くの出版社が賛同しています。

定価販売制度（再販制度）に関しては、書店業界では反対も多いという事実もあり、公正取引委員会も「本」の自由価格、あるいは値引き販売を認める方向にありますが、まだ実現はしておりません。

定価販売制度は、だれのためのものか

もともと大正時代の初期までは、出版物は買い切り・返品なしで、値引き販売は当たり前でした。これが取次主導で定価販売が導入され、現在にいたっているのです。

現実の問題としては、取次のみならず出版社、書店にとっても都合がよいこともあって、再販制度については賛否両論ということなのですが、大型書店などではポイント制の採用や、通販での送料無料などのサービスを行うケースが多く、定価販売制度のメリットは徐々に薄れてきています。

　これを法律で規制すること自体が、時代遅れともいえます。

「本」の値引き販売は成り立つか

　今の時代に定価販売制度は望ましくない、と考える業界の方も少なからずいます。もともと日本の書店の粗利は20パーセント程度しかないので、新刊の値引き販売などできる状況にはないのですが、売れ残ってしまった場合には、値引きしてでも売ってしまいたい、というのも事実です。

　ところが現状では、それさえもできない、ということが問題なのです。

　制度として定価販売が業界内で守られていても、実質的には値引き販売のようなことが、イベントでの販売など部分的には発生しています。

　それらについては、顧客に対してのサービスの一つで

第3章　書店は、どうすればいいのか

あって、「本」の販売にそれほどの影響はないので、業界内でクレームをつける人はいません。しかし、これからは再販制の見直しなどによって、魅力的な本も値引き販売されるようになれば、書店の営業形態なども変わってくるかもしれません。

また「アマゾン」の存在が、日本の再販制度を変える可能性もあります。

25　商いのおもしろさを求めて

書店経営のおもしろさをどこに求めるか

　出版社が決めた定価で定価販売を行い、売れ残ったら返品をする。粗利は、おおむね20パーセント程度。このようなビジネスモデルでは、もはや発展性はありません。ある程度「本」が売れていれば、ある程度の利益は確保できる、というだけの話です。

　小売業のおもしろさは、仕入れ価格を自分の裁量で決めることで利益を増やすことができる、ということにあると考えた場合、書店は出版社と直接取り引きをすることが望ましいことは、いうまでもありません。仕入れ価格は出版社と個別に交渉することになりますが、現状でも一部の書店、一部出版社では行われています。

　販売力と商品に対する目利きと、交渉力があれば、この直接取り引きは可能になってきます。

　現実には、すべての商品を出版社と直接取り引きというわけにはいかないでしょうから、特定の商品について直接取り引きをするということになります。

第3章　書店は、どうすればいいのか

　これからの書店の方向性としては、直接取り引きの割合を増やして利益率を高めることが必須条件となるでしょう。書店よ、今こそ道なき道を歩く勇気を。

常識を疑うことで活路を開いた谷島屋書店

　最後に、日本を代表する３書店について、最新の動きと現状について報告させていただき、この章の締めくくりとさせていただきたいと思います。

　まず最初は、創業明治５年の老舗・谷島屋書店についての話になります。

　静岡県内に16店舗を運営する同書店では、数年まえから新刊委託の見直しを始めたことで活路を見いだしたといえます。

　谷島屋書店では、現在取次から配本される「委託配本」を見直し、注文を中心とした店舗運営改革に取り組んでいます。

　注目すべきは、注文品中心の品ぞろえに切り換えたことで、返品率の引き下げと、在庫縮小が実現したことです。具体的には、売り上げは10パーセント増加したにもかかわらず、返品率は３年間で5.8パーセント減らすことができたのです。

　今、業界全体としては、年々売り上げが減少するいっ

ぽうで、返品率は 40 パーセントを越えるという最悪の事態に陥っています。このような状況のなかで売り上げを伸ばしながら返品率を下げるなどということは、たいへん注目すべき改革なのです。

きっかけは、「出版社による重版率が 1 割から 2 割という新刊をなぜ店頭一等地の平台で展開しなければいけないのか。それならば、新刊・既刊を問わず」、売れ行き良好な「本」を見いだして展開したほうが、お客様にとってもいいのではないか、と谷島屋書店の取締役営業部長の野尻真氏は考えたそうです。

谷島屋では、3 年まえから 1 点 1 点の書籍をていねいに仕入れられる「バイヤー制」を導入、注文仕入れに力を入れ始めました。

谷島屋では常時 150 の出版社の重版情報をメールで受け取り、それにもとづいて注文することで、動きのいい本を店頭展開しています。

そうした取り組みによって、スタッフの意識と売り上げが上がり、返品率は下がったのです。この取り組みが今、谷島屋全体で行われています。

歌を忘れたカナリヤか、有隣堂

こうした谷島屋と対照的なのが、有隣堂書店と文教堂

第3章　書店は、どうすればいいのか

書店かもしれません。

　まず有隣堂ですが、神奈川県（一部東京）に45店舗を展開する有隣堂は、日本を代表する有力書店であることは、出版関係者ならだれでも知っていることでしょう。その有隣堂が2018年11月27日第66期の決算を発表しました。売上高517億3,700万円（前年比1.9パーセント増）、経常利益は21.9パーセント増と好調そのものでした。この出版不況のさなかに、増収増益の決算を達成できる書店はそう多くはありません。

　しかし、決算の内容を見ると、かならずしも手放しでは喜べない内容といわれてもしかたのない内容であることがわかります。それは、出版物の売り上げが前年よりもさらに減少したことです。

　具体的には、期中の売り上げ517億3,700万円のうち、書籍の売り上げが176億900万円で前年比3.9パーセント減、雑誌の売り上げが40億700万円で前年比3.8パーセント減と低迷したことです。

　全体の売り上げに占める出版物の売り上げは43パーセント程度でしかなく、約57パーセントは雑貨やスチール製品、教材や楽器、音楽教室など出版物以外の商品でした。

　有隣堂は前年の決算でも全売り上げに占める、出版物

173

の売り上げは、50パーセント未満であり、2018年の決算では、その傾向に拍車がかかったことが読み取れます。

業界全体の売り上げが、20年連続で低迷していることを考えれば、書店は「本」以外の製品で売り上げを確保するしかないのが現状です。

有隣堂以外の書店でも、多くの書店が「本」以外の商品にシフトして懸命にがんばっているのですから、有隣堂の決算について第三者がとやかくいえる筋合いではないのですが、松信裕社長の言葉にあるように、「本が伸び悩んでいるのは致命傷」なのです。

文教堂GHD、赤字決算、債務超過に

全国に196店舗を展開する文教堂書店は、日本最大級の書店チェーンです。川崎市に本社をおき、主に神奈川県・東京を営業基盤としていますが、近年は北海道その他の地方にも出店しています。

同社ホームページに発表された2018年8月期の連結決算によると、売上高は273億8,800万円(前期比8.5パーセント減)の大幅減収となりました。

利益面では、営業損失5億4,500万円(前年は営業利益8,900万円)、最終損失は5億8,900万円となり、財務面では2億3,300万円の債務超過となったのです。

第3章　書店は、どうすればいいのか

　同社は、近年、出版物以外の商品の販売にも力を入れ
てきてはいました。大型書店の攻勢に対しては、自らも
大型店舗も増やしてもいましたが、それでも出版界を取
り巻く急激な市場の変化に十分対応できなかったことが、
このような結果を招いたと考えられます。

　同社は今後、保有する土地などの資産を売却するなど、
キャッシュフローの改善ははかり、増資も検討するとの
ことです。同書店の復活を祈るのみです。

　この有隣堂と文教堂の例は、日本を代表する書店の最
近の情報ですが、書店業界を取り巻く状況はますます厳
しく、書店の経営も一歩対応を誤れば、取り返しのつか
ないことになりかねません。そして、日本の書店業界の
将来にどのような未来が待っているのか、それはあなた
しだいといえるかもしれません。

　書店業界の健闘を祈りたいものです。

●著者略歴
岡部　一郎（おかべ　いちろう）
1947年、千葉県出身。銀行、書店、出版社勤務を経て出版
プロデューサとして独立。出版企画研究所を設立、ファイ
ナンシャルプランナーとして活動の幅を広げ、現在に至る。
●主な著書
『出版営業ハンドブック─基礎編〈改訂２版〉』
『出版営業ハンドブック─実践編〈改訂２版〉』
『出版社のつくり方読本（共著）』（以上、出版メディアパル）
などがある。

出版業界に未来はあるのか

©岡部一郎 2019	ISBN978-4-902251-57-9
2019年10月10日	第１版第１刷発行
著　　　者	岡部　一郎
発　行　所	出版企画研究所
	〒263-0012千葉市稲毛区萩台町664-45
	TEL：043-255-6881
	e-mail：ichi-okabe@tbz.t-com.ne.jp
発　売　所	出版メディアパル
	〒272-0812市川市若宮1-1-1
	TEL.FAX：047-334-7094
カバーデザイン	田中敏子
印刷・製本	あかつき印刷　　Printed in Japan

乱丁・落丁本はお取り替えいたします。本書の内容の一部あるいは全部を
複製（コピー）することは、法律で認められた場合を除き著作権および出
版社の権利の侵害となりますので、その際はあらかじめ小社宛に文書で
承諾を求めてください。　　　　　　（出版企画研究所・所長　岡部一郎）